Der Auftrag

Reihe

Die Evangelien entdecken

Barbara Mäder

Der Auftrag

Bibliografische Information der Deutschen Nationalbibliothek:
Die Deutsche Nationalbibliothek verzeichnet diese Publikation in der Deutschen Nationalbibliografie; detaillierte bibliografische Daten sind im Internet über http://dnb.dnb.de abrufbar.

1. Auflage

ISBN:
978-3-905899-51-1 (epub)
978-3-905899-52-8 (Kindle)
978-3-905899-53-5 (Print)

Covergestaltung: Esras.net
Foto: Vera Casanova

www.esras.net
www.service-esras.net

Herstellung: BoD – Books on Demand, Norderstedt

Inhalt

Vorwort

In den Momenten meiner persönlichen Lektüre der biblischen Berichte über Jesus, den Evangelien, habe ich extrem viel gelernt. Dies, obwohl ich Theologie studiert habe. Ich hatte nicht einfach eine deutsche Bibel vor mir, sondern auch die Texte in der ursprünglichen Sprache Griechisch. Zudem konsultierte ich Kommentare und Hintergrundlexika. Mir wurde zum ersten Mal die Fülle der Botschaft von Jesus, dem Evangelium, so richtig bewusst.

Immer wieder sah ich Texte, von denen ich dachte, das muss doch an die Öffentlichkeit! Und zwar nicht nur in der Gemeinde. Theologen können das alles auch selbst nachlesen, wenn sie sich dafür interessieren und etwas Zeit dafür aufwenden. Aber was ist mit dem Volk, wie es in den Evangelien immer wieder heisst? Es fällt uns leichter, die biblischen Texte zu verstehen, wenn sie jemand in heutige Sprache übersetzt. Damit meine ich nicht nur die Sprache Deutsch, sondern auch in unser heutiges Denken – Vieles, was für die damaligen Leser glasklar war, ist heute nicht mehr verständlich. Deshalb legt ja der Pfarrer die Bibeltexte in den Predigten aus.

Und genau dies habe ich hiermit versucht: Das Evangelium einfach und verständlich nachzuerzählen. Und zwar so, dass auch Menschen, die noch nie mit christlichem Gedankengut in Berührung gekommen sind, die Botschaft nachvollziehen können.

Natürlich kann man auch nur einzelne Abschnitte lesen. Und auch, wenn man alle Bände dieser Reihe durchliest, ersetzt dies nicht, die Evangelien in der Bibel zu lesen. Nicht nur, dass ich viele Verse einfach ausgelassen habe, sondern auch, weil ich als Mensch fehlbar bin und niemals das Wort Gottes ersetzen kann oder möchte. Darüber hinaus hat sogar Johannes, der Verfasser des Johannesevangeliums selbst, geschrieben, dass auch die Evangelien nur zeugnishaft berichten, und Jesus noch viel mehr getan und gesagt hat, als uns überliefert ist.

Die Bibelübersetzung, die ich gewählt habe, ist die neu revidierte *Hoffnung für Alle*. Wo dies nicht der Fall ist, habe ich es gekennzeichnet.

Die Bibelstellenangaben aus den Evangelien werden folgendermassen abgekürzt: Mt (Matthäusevangelium), Mk (Markusevangelium), Lk (Lukasevangelium), Joh (Johannesevangelium).

Nun hoffe ich, dass Du nicht nur Spass beim Lesen hast, sondern auch, dass Gott dadurch zu Dir spricht!

Hallau, September 2016
Barbara Mäder

Einleitung

Worum geht es im Evangelium?

Wir haben den 1. April 2016. Von Januar bis März dieses Jahres gab es bereits 20 verzeichnete Terroranschläge mit insgesamt mehr als 440 Toten.

Die Kindsmisshandlungen haben in den letzten Jahren enorm zugenommen. Allein 2014 in der Schweiz um 9%. Drei Kleinkinder verstarben dabei.

Seit den 1990er Jahren trieben gemäss Liste des FBI's 259 Serienmörder bzw. -Paare ihr Unwesen.

Diese Aufzählung, die sich aus Zeitungen und Internet ergibt, liesse sich beliebig erweitern. So und ähnlich lauten Schlagzeilen überall in der Welt – und auch wenn man manchmal das Gefühl hat, die Kriminalität nähme in der heutigen Zeit zu, gab es immer schon furchtbare Dinge, die wir Menschen einander angetan haben. Sei es der Holocaust, die Hexenverbrennung und Inquisition, oder noch früher Menschenopfer und die brutalen Eroberungen des Römischen Reiches. Und genau in diese Zeit wollen wir nun zusammen reisen.

Ein schon älterer Herr namens Johannes hat irgendwann zwischen 70 und 90 n.Chr. einen Bericht in Ephesus, einer Stadt in der heutigen Türkei, verfasst, in dem es ihm darum ging, seine Erlebnisse, die er mit einem Mann namens Jesus hatte, für die Nachwelt festzuhalten. Vor ihm hatten schon drei andere Männer ein solches Vorhaben in die Tat umgesetzt – aber einige Begebenheiten und Gespräche, an die sich Johannes erinnerte, fehlten darin noch. Deshalb ergänzte er ihre Berichte, wo er es für nötig hielt, und bestätigte sie andernorts.

In der Einleitung zu seinem Bericht, oder auch Evangelium, wie der Bericht später genannt werden würde, gibt Johannes seinen griechisch sprechenden Lesern eine kurze Zusammenfassung, die es aber in sich hat. Er schreibt dort:

»Er kam in seine Welt, aber die Menschen wiesen ihn ab. Die ihn aber aufnahmen und an ihn glaubten, denen gab er das Recht, Kinder Gottes zu werden. Das wurden sie nicht, weil sie zu

einem auserwählten Volk gehörten, auch nicht durch menschliche Zeugung und Geburt. Dieses neue Leben gab ihnen allein Gott.« (Joh 1,11-13)

1 – Er kam in seine Welt, aber die Menschen wiesen ihn ab.

Mit »er« meint Johannes »das Wort«, das er im ersten Satz seines Evangeliums einführt: *»Am Anfang war das Wort. Das Wort war bei Gott, und das Wort war Gott selbst. Von Anfang an war es bei Gott. Alles wurde durch das Wort geschaffen; nichts ist ohne das Wort entstanden.«* (Joh 1,1-3) Als Gott die Welt erschaffen hatte, sprach er: »Licht soll entstehen!« Er sprach: »Auf der Erde soll es grünen und blühen.« Er hat die Welt durch sein Wort geschaffen. Auch wenn wir das nicht bis ins letzte Detail nachvollziehen können, wird doch klar, dass etwas oder jemand existiert, der Gott ist und gleichzeitig eigenständig genannt werden kann. Und dieser jemand wurde Mensch und erhielt den Namen Jesus. Das ist also der »er«, den Johannes meint. Weil die Welt durch das Wort, also durch Jesus geschaffen worden ist, kann Johannes schreiben, er kam in »seine Welt«.

Wenn Gott die Welt geschaffen hat, dann müsste sie doch eigentlich perfekt sein?! Ja, das war sie auch, das hat Gott selbst nach der Schöpfung festgestellt: »Und siehe, sie war sehr gut!« Das bedeutet, es gab noch keine giftigen Pflanzen, die Tiere frassen sich nicht gegenseitig auf und die beiden Menschen, die Gott geschaffen hatte, lebten in vollkommener Harmonie zusammen. Es gab keine Krankheit, keine Schmerzen, keine Wut, keine Trauer. Die Menschen lebten auch mit Gott in Harmonie. Sie konnten ihn sehen, sie konnten mit ihm direkt von Angesicht zu Angesicht sprechen. Wenn Gott allmächtig ist, wie er von sich selbst sagt, dann ist es kein Wunder, dass die Menschen ihm gehorchten und ganz so lebten, wie er das wollte. Aber liebten sie ihn? Liebe und Vertrauen sind Gefühle, die man nicht erzwingen kann. Das weiss jeder, der Kinder hat oder in einer Beziehung lebt. Gehorsam kann man zwar erzwingen, aber es ist fraglich, ob man es in diesem Fall wirklich als Gehorsam bezeichnen darf. Nun wollte Gott jedoch, dass die Menschen echte Liebe für ihn empfinden – und das geht nur, wenn sie sich selbst dafür entscheiden können. Sie brauchten dafür einen freien Willen. Und genau den gab er ihnen.

Er gab ihnen ein einziges Gebot, eine Regel, die sie einhalten sollten: Sie durften von einem bestimmten Baum nicht essen. Von allen anderen durften sie so viele Früchte essen, wie sie wollten. Sie hatten also genug, es ging nur um den Gehorsam. Um die Entscheidung, ob sie Gott als ihren Herrn über sich anerkennen oder selbst über ihr Leben bestimmen wollen. Und sie entschieden sich dazu, ihr eigener Herr und Gott zu sein. Es war eine Entscheidung zur Sünde, weshalb wir von ›Sündenfall‹ sprechen. Sie hatten den freien Willen und durften sich also so entscheiden – aber jede Entscheidung hat Konsequenzen. Die Folge ihrer Entscheidung war, dass sie sich von Gott getrennt hatten, nicht nur für den Moment, sondern für immer. Sie sahen ihn nun nicht mehr und die persönlichen Gespräche waren so nicht mehr möglich. Gott verwehrte ihnen den Zugang zum Baum, von dem sie nicht hätten essen dürfen und wies sie aus dem ursprünglichen Lebensbereich, genannt Garten Eden, hinaus. Da der Mensch die Verantwortung für die ganze Schöpfung erhalten hatte, war von dieser Entscheidung die ganze Welt betroffen: Natur, Pflanzen und Tiere. Die ganze Schöpfung ist dem Fluch des Sündenfalls unterworfen. Ein geistlicher Graben hatte sich zwischen Gott dem Schöpfer und der Schöpfung aufgetan.

Die Welt blieb aber nicht ohne Herrschaft: Ein ehemaliger Engel, der sich wie die Menschen von der Herrschaft Gottes freimachen wollte und sich von ihm losgesagt hat, der war nun der Herr über die Welt und die Menschen. Er war ja wie sie: wollte eigenständig sein, frei von einem Oberen. Da der Teufel, wie dieser abgefallene Engel genannt wird, sehr oft die Wünsche und Triebe der Menschen unterstützt, ohne sie von den Gefahren zu warnen, merken die Menschen meistens gar nicht, dass sie nicht so frei sind, wie sie sich fühlen. Sie können ja tun, was sie wollen, und sind in dem Moment niemandem Rechenschaft schuldig. Seit dem Sündenfall ist die Welt jedoch finster: Brutal, oft ohne Hoffnung und Liebe, voller Schmerzen, Trauer und Tod. Wir erinnern uns an die Schlagzeilen ...

In diese Welt kam also das Wort, Gott selbst, in der Gestalt vom Juden Jesus. Er, der ewige Gott, kam in die Zeit. Dies geschah ungefähr 7 v.Chr., wie man heute weiss. Eine sichere Jahreszahl kann man nicht nennen. Wie aber sah diese Welt damals aus?

Das Römische Reich wurde unter Kaiser Augustus zu einer weltbeherrschenden Macht. Es vereinigte die gesamte damals bekannte Welt unter seiner Herrschaft. Auch die Juden lebten unter den römischen Oberherren und mussten ihnen Steuern bezahlen. Zur Zeit der Geburt Jesu war Herodes, der Grosse, der sogenannte König der Juden. Er hatte sich so sehr bei den Römern und vor allem dem Kaiser eingeschmeichelt, dass der römische Senat ihm diesen Titel verliehen hatte. Herodes war ein grausamer, eigentlich unsicherer Mann, der ständig um seine Herrschaft fürchtete. Nach seinem Tod 4 v.Chr. bestätigten die Römer sein Testament, nach dem seine Söhne Archelaus, Herodes Antipas und ihr Halbbruder Philippus das Reich unter sich aufteilen sollten. Herodes Antipas erhielt das Gebiet von Galiläa (westlich des Sees Genezareth) und Peräa (östlich des Jordanflusses). Der sanftmütigere Philippus bekam Gebiete nord-östlich des Sees Genezareth. Archelaus, der älteste Sohn, der in seiner Grausamkeit ganz dem Vater nachschlug, bekam die Gebiete von Judäa und Samaria. Schon 6 n.Chr. wurde ihm die Herrschaft von den Römern entzogen, weil es unter den Juden zu oft zu Aufständen kam. Seitdem waren Judäa und Samaria römische Provinzen, die von einem Prokurator, einem Provinzstatthalter, verwaltet wurden. Dieser war dem syrischen Prokonsul, dem Statthalter, unterstellt. Der erste Prokurator, dessen Name weltberühmt geworden ist, hiess Pontius Pilatus. Er war ein bestechlicher Mann, der auch vor Gewalt nicht zurückschreckte. Das jüdische Volk hasste ihn. Jeder Volksaufstand schwächte seine Stellung und er fürchtete dauernd eine Anklage vor dem Kaiser.

Aber auch unter den Juden gab es natürlich verschiedene Gruppierungen.

Die politischen Führer waren die (meist) adligen Sadduzäer, eine jüdische Partei, die stark griechisch geprägt war. In religiösen Angelegenheiten hatten sie nicht mehr viel zu sagen, aber die sadduzäischen Priester bildeten einen Teil des Hohen Rates, das höchste Regierungs- und Richterkollegium der Juden, das aus 71 Mitgliedern bestand. Ja, abgesehen von der Todesstrafe durften die Juden selbst Gerichte halten, das hatten ihnen die Römer erlaubt. Vorsitz hatte der amtierende Hohepriester, zur Zeit Jesu ebenfalls ein Sadduzäer. Die Sadduzäer anerkannten die fünf Bücher Mose, schätzten die Propheten jedoch nicht sehr hoch ein und verwarfen vollständig die mündliche Überlieferung der Väter, der gelehrten Vorfahren. Sie leugneten die Auferstehung und ein Leben nach dem Tod. Auch die Existenz von Engeln und Geistern bezweifelten sie.

Ganz anders die Partei der Pharisäer. Sie waren die religiösen Führer der Juden und damit auch die Oppositionspartei der Sadduzäer. Sie bildeten den anderen Teil des Hohen Rates. Für sie galt das ganze Alte Testament und zusätzlich noch die Überlieferung der Väter als göttliches Wort, das bis ins kleinste Detail eingehalten werden musste. Die mündlichen Überlieferungen ergänzten und erklärten die Gesetze des Alten Testamentes immer weiter, sodass praktisch alles gesetzlich geregelt war. Die Pharisäer waren selten Priester, aber dafür Schriftgelehrte – Rabbiner (Lehrer), die in den Schriften forschten und ihre Erkenntnisse an ihre Schüler weitergaben.

Die radikalste politische Partei der Juden war die der Zeloten. Ihre Anhänger waren sehr nationalistisch eingestellt und wollten deshalb die Römer mit Gewalt vertreiben. Während der Kämpfe wüteten sie oft auch gegen das eigene Volk, gegen diejenigen, die nicht so radikal eingestellt waren, die teilweise sogar mit den Römern zusammenarbeiteten. Oft kamen die Zeloten aus Galiläa. Da sie wie Guerillakrieger agierten, nannte man sie auch ›Räuber‹.

Dann gab es da natürlich noch das gewöhnliche Volk, das keiner Partei angehörte. Alle jüdischen Jungen wurden in den Synagogen im Alten Testament unterrichtet. Eine Ahnung von den Gesetzen hatten also alle. Sie lernten dort auch lesen und schreiben – und zwar Althebräisch, wie das Alte Testament geschrieben war. Ihre Muttersprache war für gewöhnlich Aramäisch. Da die Römer die Oberherrschaft innehatten, war Latein die Amtssprache. Allerdings war Griechisch immer noch gebräuchlicher, weshalb sich die Römer wohl oft auf Griechisch mit den Juden verständigten. Neben den gebürtigen Juden gab es auch sogenannte Proselyten, die durch Taufe und Beschneidung ganz jüdisch wurden, und Halbproselyten, die diesen Schritt nicht machten, aber dem jüdischen Glauben sehr zugetan waren.

Ganz stark von diesem jüdischen Volk abgegrenzt waren die Samariter, die Bewohner der Provinz Samaria. Sie waren die Überreste des Nordreichs Israel, die sich mit den Assyrern vermischt hatten. Sie durften deshalb nicht helfen, den Tempel in Jerusalem wieder aufzubauen, weshalb sie ihren eigenen Tempel auf dem Berg Garizim errichteten (der schon vor der Zeit Jesu wieder zerstört wurde). Seit dieser Zeit herrschte Feindschaft zwischen Juden und Samaritern.

Es war also tatsächlich eine finstere Welt, in die Jesus da hineingeboren wurde: Voller Hass, Intrigen und Gewalt. Meinen wir aber bloss nicht, wir wären besser!

Die Menschen waren so mit sich und ihren Problemen beschäftigt, dass sie nicht erkannten, dass Jesus kein gewöhnlicher Mensch war. Obwohl die Juden ihr Altes Testament kannten und obwohl dort mehr als einmal angekündigt wird, dass der Messias, der Sohn Gottes, auf die Erde kommen wird, erkannten sie Jesus darin nicht. Sie waren so von ihren Ansichten überzeugt, ja sie wussten genau, wie dieser Messias auszusehen und zu handeln hatte, dass Jesus es nicht sein konnte. Er passte nicht zu ihrem Bild. Deshalb wiesen sie ihn ab. Das griechische Wort, das Johannes hier gebraucht, bedeutet eigentlich »nicht annehmen«, »nicht von jemandem lernen«. Sie hätten von Jesus lernen müssen – aber sie wussten ja alles schon besser und lehnten ihn deshalb ab.

Wie oft wird auch heute noch Jesus einfach wegdiskutiert. Jesus hat vielleicht schon einmal existiert, aber er war nur ein Mensch, nicht Gottes Sohn. Dann muss man natürlich die

Wunder, von denen alle Zeitzeugen berichten, ebenfalls wegdiskutieren, weil sie nicht zu erklären sind. Es ist also alles, was uns unlogisch und unglaubwürdig erscheint, eine Erfindung der Nachfolger Jesu. Und wenn Jesus heute Wunder tut und Christen davon berichten, dann heisst es, es wäre purer Zufall gewesen oder nur Einbildung. Ist es mal nicht möglich, alles wegzudiskutieren, dann erfolgt ein Angriff ohne Argumente: Derjenige sei einfach nicht mehr ganz richtig im Kopf. Wenn er an die Bibel glaubt, dann sei er unwissenschaftlich. Wenn er an Gottes Gebote glaubt, sei er intolerant. Aber ganz ehrlich: Man ist nicht intolerant, wenn man eine eigene Meinung hat und an dieser festhält – solange man den anderen auch eine eigene Meinung zugesteht.

Gott selbst kam in seine Welt, aber die Menschen nahmen ihn nicht auf und lernten nicht von ihm, sondern wiesen ihn ab.

2 – Die ihn aber aufnahmen und an ihn glaubten, denen gab er das Recht, Kinder Gottes zu werden.

Die grosse Mehrheit der Menschen erkannte Jesus nicht. Aber auf dieser finsteren Welt scheint hin und wieder das Licht durch. Nicht alle Juden damals waren nur politisch interessiert wie die Sadduzäer, nur auf die äusserliche Erfüllung der Gesetze bedacht wie die Pharisäer. Nicht alle waren Zeloten, die ohne Gott alles selbst erreichen wollten – wenn es sein musste, auch mit Gewalt. Nicht alle waren uninteressiert an Gott wie viele aus dem Volk. Nein, es gab auch Juden, die das Alte Testament ernst nahmen und voller Hoffnung und Offenheit auf den angekündigten Messias warteten und von ihm lernen wollten. Es gab solche, die Jesus sahen und ihn kennenlernen wollten. Die sich von seinen Worten und Taten überzeugen liessen und ihre Ansichten, die sie vorher hatten, änderten.

Auch hier wieder gebraucht Johannes das Wort für »von jemandem lernen«. Nur an Jesus zu glauben, ohne von ihm zu lernen, ist ein toter, wertloser Glaube. Wenn wir uns einfach als Christen bezeichnen, vielleicht ab und zu oder sogar regelmässig in den Gottesdienst gehen, aber ansonsten unser Leben so leben wie bisher, dann ist das toter Glaube ohne Verheissung. Wir sollen von Jesus lernen wollen, ihm immer ähnlicher werden wollen. Unser Glaube soll an unseren Taten sichtbar sein! Auch Adolf Hitler hat sich als Christ bezeichnet. Josef Stalin sollte sogar zuerst Priester werden. Ihr Glaube mag dagewesen sein, das ist nicht an mir, das zu beurteilen – aber ganz offensichtlich zeigen ihre Taten, dass sie nicht Jesus als Vorbild hatten. Wir müssen aber gar nicht so in die Extreme gehen: Einer, der sich Christ nennt, aber ständig absichtlich Steuern hinterzieht, ist nicht auf dem richtigen Weg. Einer, der immer wieder andere mit beleidigenden Worten niedermacht, hat das nicht von Jesus gelernt. Was »von ihm lernen«, »ihn aufnehmen« bedeutet, ist jetzt klar geworden.

Aber was bedeutet »an ihn glauben«? Was soll man denn genau glauben? Zuallererst geht es darum, dass man in Jesus den verheissenen Messias, den Sohn Gottes, erkennt. Von diesem Messias heisst es nämlich im Alten Testament, beim Propheten Jesaja: *»Er erlitt die Schmerzen, die wir hätten ertragen müssen.* (...) *wegen unserer Sünden wurde er durchbohrt. Er wurde für uns bestraft – und wir? Wir haben nun Frieden mit Gott! Durch seine Wunden sind wir geheilt.«* (Jesaja 53,4-5)

Jesus, der nie auch nur einmal vor Gott schuldig geworden ist, niemals einen Fehler gemacht hat, der ist am Kreuz als Verbrecher gestorben. Er hat unsere Schuld auf sich geladen und ist an unserer Stelle gestorben. Wer daran glaubt und dieses Geschenk annimmt, denen gab er das Recht, Kinder Gottes zu werden. Nicht nur die Möglichkeit, sondern den legitimen Anspruch, der vor einem Gericht standhält. Damit ist die persönliche Beziehung zu Gott, die beim Sündenfall zerbrach, wiederhergestellt. Diese Adoption ist rechtsgültig für alle Zeit, auch über den Tod hinaus.

Dieses Angebot Jesu galt nicht nur damals, sondern gilt auch heute noch: Wenn Du an Jesus als Deinen Retter glaubst und von ihm lernen willst, bekommst Du das Recht, Kind Gottes zu sein und mit ihm eine Beziehung zu führen!

3 – Das wurden sie nicht, weil sie zu einem ausgewählten Volk gehörten, auch nicht durch menschliche Zeugung und Geburt. Dieses Leben gab ihnen allein Gott.

Warum muss Johannes diesen Satz noch hinzufügen? Die Juden, allen voran ihre religiösen Führer, die Pharisäer, gingen davon aus, dass sie, weil sie von Abraham abstammten, automatisch Kinder Gottes seien. Denn mit Abraham hatte Gott einen Bund geschlossen, in dem es heisst: *»Dieser Bund gilt für alle Zeiten, für dich und für deine Nachkommen. Es ist ein Versprechen, das niemals gebrochen wird: Ich bin dein Gott und der Gott deiner Nachkommen.«* (1. Mose 17,7) Die Abstammungslisten waren bei den Juden aus diesem Grund sehr wichtig. Wer seine Abstammung bis zu Abraham nachweisen konnte, galt als Kind Gottes, als ein zum auserwählten Volk Gehörender. Aber Jesus selbst sagte einmal zu den Pharisäern: *»Zeigt durch Taten, dass ihr wirklich zu Gott umkehren wollt! Bildet euch nur nicht ein, ihr könntet euch damit herausreden: ›Abraham ist unser Vater!‹ Ich sage euch: Gott kann selbst aus diesen Steinen hier Nachkommen für Abraham hervorbringen.«* (Mt 3,8-9) Wir erinnern uns: Gott hat uns Menschen den freien Willen gegeben, uns für oder gegen ihn zu entscheiden. Er möchte Liebe, Vertrauen und freiwilligen Gehorsam. Wenn das nicht so wäre, könnte er sich gehorsame Nachkommen aus Steinen oder sonst etwas erschaffen. Für einen allmächtigen Gott kein Problem.

Deshalb muss sich jeder Mensch selbst für oder gegen Gott entscheiden. Es reicht nicht, wenn man Jude ist und von Abraham abstammt. Genauso wenig reicht es, wenn meine Eltern Christen sind oder wenn wir in der ›christlich orientierten‹ Schweiz leben. Meine Eltern haben mich früher manchmal »Kind Gottes« genannt (so à la »Aaaach, Kind Gottes!«). Aber nein, das war ich nicht. Bevor ich mich für Jesus, für Gott entschied, gehörte ich zu dieser Welt, deren Chef der Teufel ist. Das klingt hart – und ist es auch. Aber genau deshalb hat Jesus es auf sich genommen, zu leiden und für mich und Dich zu sterben.

Der zweite Teil des Satzes von Johannes ist jedoch mysteriöser: »auch nicht durch menschliche Zeugung und Geburt.« Ja, sind wir nicht alle so auf die Welt gekommen?? Doch! Dieses neue Leben, das Johannes anspricht, das Leben, in dem wir eben wieder Gemeinschaft mit Gott haben können, braucht eine neue Geburt - wie jedes Leben. So ist Jesus nach dem Tod am Kreuz auch nicht einfach tot geblieben. Er hat von Gott ein neues Leben bekommen und ist nach drei Tagen im Grab wieder auferstanden - das ist, was wir am Ostersonntag feiern! Wer daran glaubt, bekommt nun ebenfalls ein neues Leben, wird also wieder neu geboren. Dies allerdings nicht von einer Mutter, auf menschliche Weise, sondern von Gott, auf geistliche Weise. Gott ist es, der den Glauben bewirkt, und Gott ist es, der uns den Heiligen Geist schenkt. Der Heilige Geist ist sozusagen der dritte Teil Gottes: Vater, Sohn und Geist. Alle drei sind Gott. Wenn der Heilige Geist in uns wohnt, dann wohnt Gott selbst in uns. Er hilft uns, schenkt uns Erkenntnis, Verbindung zu ihm, Trost und Liebe. Die Bibel nennt den Vorgang, wenn der Heilige Geist auf uns kommt, »Wiedergeburt«. Es ist der Anfang des neuen Lebens mit Gott.

Weil Gott es ist, der das neue Leben schenkt, ist es für jeden Menschen möglich, Kind Gottes zu werden. Unabhängig von Geschlecht, Alter, Abstammung, Rasse und Nationalität. Kein Mensch ist von sich aus besser als der andere. Israel als auserwähltes Volk hatte zwar den Vorrang - deshalb kam Jesus als Jude zur Welt und lehrte unter ihnen zuerst -, aber das Angebot Jesu steht allen offen und alle müssen dasselbe tun: es glauben und es annehmen.

Es war Johannes' Ziel, den Menschen durch sein Evangelium klarzumachen, dass es auch anders ginge als es die Schlagzeilen am Anfang des Kapitels aufgezeigt haben. Er wird dies im Verlauf seines Evangeliums noch viel klarer aufzeigen. Es ist ja doch ziemlich schwierig für uns Menschen, etwas einfach so zu glauben, ohne sich genauer darüber informiert zu haben. Aber er macht keinen Hehl daraus, was die Absicht seines Buches ist. Wer Interesse bekommen hat, mehr über diesen Jesus zu erfahren, ist herzlich eingeladen, weiter zu lesen ...

Geburtskomplikationen

Jacqueline, 15, hat entdeckt, dass sie im dritten Monat schwanger ist. Mögliche Väter sind Kevin und Justin. Bei beiden ist das Kondom geplatzt und die Pille hat nicht gewirkt, weil sie sie nicht immer ganz regelmässig genommen hat. Sie wird das Kind bekommen und während ihre Mutter auf es aufpasst, die Schule zu Ende bringen.

Wer mal in eine Talkshow, zum Beispiel bei RTL, reingeschaut hat, dem wird dieses Szenario bekannt vorkommen. Immer häufiger gibt es in Europa sogenannte Teenie-Mütter. Die wenigsten von ihnen hatten dies so geplant. Meistens sind sie selbst an ihrer Situation trotzdem nicht ganz unschuldig: Sie handelten verantwortungslos oder waren einfach naiv.

Ganz anders bei Maria. Auch sie war ungefähr in Jacquelines Alter. Im Unterschied zu Jacqueline war sie jedoch bereits mit einem Mann namens Josef verlobt. Damals, ungefähr 8 v.Chr., heiratete man eben früher (wie es ja auch heute noch in anderen Ländern Sitte ist). Eine Verlobung war nicht dasselbe wie heute bei uns – sie war rechtlich schon bindend, also vergleichbar mit unserer zivilen Trauung. Zur eigentlichen Ehe fehlte nur noch das grosse Fest, während dessen Verlauf Josef seine Braut nach Hause holen würde. Beide, Maria und Josef, wohnten mit ihren Familien in Nazareth, einer unbedeutenden Stadt in Galiläa, die im Alten Testament kein einziges Mal erwähnt wird. Galiläa war vor allem durch die aufrührerischen Zeloten bekannt, die oft aus dieser Gegend kamen, und gehörte deshalb eher zu den verachteten Gebieten. Dennoch kamen beide aus guten Familien und stellten eine gute Partie dar: Maria war eine Levitin, gehörte also zum jüdischen Stamm Levi, aus dem die Priester kamen. Josef konnte seine Abstammung über den sagenumwobenen König David bis zu Abraham zurückverfolgen, dem Gottes Bundesverheissung galt, dass er für immer sein Gott und der seiner Nachkommen sein würde. Diese Abstammung von Abraham war den Juden deshalb sehr wichtig. Auch Maria konnte ihre Abstammung über Levi bis Abraham zurückverfolgen, jedoch nicht über König

David. Indem Maria Josef heiratete, heiratete sie in seine Familie ein und galt bereits mit der Verlobung ebenfalls als Nachfahrin Davids.

Maria ging es also sehr gut. Sie wird weder als naiv noch als verantwortungslos beschrieben, sondern als vernünftige junge Frau, die ein geregeltes Leben vor sich hatte.

Dann aber veränderte sich ihr Leben dramatisch.

1 - Ein unverheiratetes Mädchen wird schwanger

Eines Tages stand plötzlich ein Engel vor ihr. Das allein ist ja schon sehr speziell, aber was er sagte, brachte Marias geordnetes Leben ins Wanken:

»Du wirst schwanger werden und einen Sohn zur Welt bringen. Jesus soll er heissen. Er wird mächtig sein, und man wird ihn Sohn des Höchsten nennen. Gott, der Herr, wird ihm die Königsherrschaft seines Stammvaters Davids übergeben, und er wird die Nachkommen von Jakob für immer regieren. Seine Herrschaft wird niemals enden.« (Lk 1,31-33)

Da Maria aus einer levitischen Familie stammte, wird sie sich in dieser Situation wohl sehr schnell an eine Stelle im Alten Testament erinnert haben. Denn dort steht auch etwas über eine junge Frau, die schwanger werden wird. Nicht, dass das grundsätzlich etwas Spezielles wäre - meistens wurden junge Frauen schwanger, und dass sie einen Sohn gebären würden, dafür stand die Chance ja auch nicht schlecht. Aber diese Stelle beim Propheten Jesaja (7,14) ist etwas Besonderes.

Denn es geht dort um den Messias, den Sohn Gottes - und der Engel sagte von IHREM Sohn, er würde »Sohn des Höchsten« genannt werden.

Es geht dort um den Messias, einen Nachfahren von König David - und das würde Marias Sohn unweigerlich sein.

Es geht um den Messias, der für alle Zeiten König über Israel sein wird - und der Engel sagte, dass IHREM Sohn die Königsherrschaft über die Nachkommen Jakobs, also Israel, gegeben würde. Und zwar für immer. Dieses Reich von König David war sehr gross und vor allem unabhängig. Es ist verständlich, dass die Juden deshalb einen Messias erwarteten, der die Römer vertreiben und Israel als eigenständige Nation wieder aufrichten würde.

An dieser besagten Stelle bei Jesaja steht für »junge Frau« ein Wort, das auch »Jungfrau« bedeuten kann. Maria, die selbst noch Jungfrau war, konnte also gar nicht anders, als ganz klar zu verstehen, dass der Engel ihr verheissen hat, dass sie die Mutter dieses Messias sein würde. Theoretisch ist alles geklärt.

Wenn wir nun denken, dass die Leute damals leichtgläubig waren, dann werden wir durch Maria eines Besseren belehrt. Obwohl sie das alles in der Theorie wusste, konnte sie sich praktisch einfach nicht vorstellen, wie das ablaufen sollte:

»›Wie soll das geschehen?‹, fragte Maria den Engel. ›Ich habe ja noch nie mit einem Mann geschlafen.‹« (Lk 1,34)

Obwohl Maria und Josef verlobt waren, also rechtlich bindend zusammengehörten, hatten sie noch keinen Geschlechtsverkehr gehabt. Wir finden in der ganzen Bibel nirgendwo ganz klar ein wörtliches Verbot: »Du sollst vor der Ehe keinen Geschlechtsverkehr haben!« Es wird jedoch überall ganz selbstverständlich einfach vorausgesetzt. Sex gehört in die Ehe. Erst im letzten Jahrhundert, genauer gesagt in den 68er Jahren, wurden (zumindest in unseren Ländern) die Grenzen der Sexualität praktisch aufgehoben: »freier Sex« nannte man das. Die Ehe verlor an Bedeutung, Treue war out, wechselnde Partner gehörten zu einer ausgelebten Sexualität dazu, alles andere galt als prüde und verklemmt. Wenn heute Christen sagen, vorehelicher Geschlechtsverkehr sei in der heutigen Zeit normal, dann stimmt das. In unserer Gesellschaft ist es NICHT mehr normal, bis zur Ehe zu warten. Aber wir sollten uns bewusst sein, dass diese Idee aus den 68er Jahren stammt, aus der Hippie-Kultur, und rein gar nichts mit der Bibel oder christlichen Idealen zu tun hat. Wir als Christen müssen uns fragen, worauf wir unsere Werte bauen wollen.

Maria jedenfalls war tatsächlich noch Jungfrau. Durch die Prophezeiung beim Propheten Jesaja ahnte sie wohl, dass diese Schwangerschaft nicht erst beginnen würde, wenn sie denn mit Josef verheiratet wäre. Eine Jungfrau soll ja den Messias gebären. Aber wie soll das praktisch funktionieren?

»Der Engel antwortete ihr: ›Der Heilige Geist wird über dich kommen, und die Kraft des Höchsten wird sich an dir zeigen. Darum wird dieses Kind auch heilig sein und Sohn Gottes genannt werden.‹« (Lk 1,35)

Der Heilige Geist, also Gottes Gegenwart selbst, würde über Maria kommen und in ihr wohnen. Wie genau das vor sich gehen würde, sagte der Engel nicht. Ob Maria das selbst dann ›gemerkt‹ hat, ist fraglich – auch im normalen Fall spüren wir den exakten Beginn der Schwangerschaft ja nicht. Wichtig ist nur, dass diese Schwangerschaft einmalig ist: ohne Josefs Beitrag. Nur so ist es möglich, dass Jesus hundertprozentig Mensch war (von Maria geboren, aus ihren Genen) und ebenfalls hundertprozentig Gott (vom Heiligen Geist gezeugt).

Es ist zugegebenermassen schwierig, an eine solche Geburt, an ein solches Wunder zu glauben. Das war es auch damals schon, wie die Berichte in den Evangelien zeigen. Deshalb gibt es auch heute viele Theologen, die die Jungfrauengeburt als symbolisch oder als Märchen bezeichnen. Die Tatsache bleibt jedoch, dass Jesus nur durch eine solche Geburt Sohn Gottes sein kann. Und nur, wenn er Gott ist, ist es möglich, dass er fehlerlos durchs Leben ging. Auch das wird von vielen Theologen abgelehnt. Als dieser Jesus aber dann am Kreuz starb, wäre das vollkommen verdient gewesen aus Gottes Sicht, wenn er auch nur ein einziges Mal gegen Gott gesündigt hätte. Nur ein einziges Mal ihm nicht gehorcht hätte. Denn jede Sünde trennt unweigerlich von Gott. Deshalb leben wir ja alle von Geburt an ohne persönliche Beziehung zu ihm. Nur, wenn Jesus Gott ist, konnte er als Unschuldiger am Kreuz sterben und dabei UNSERE Schuld tragen. Nur so funktioniert die Stellvertretung. Wer die Jungfrauengeburt und Jesu Sündlosigkeit leugnet oder sie als blosse Symbole deutet, der muss auch den stellvertretenden Tod am Kreuz rein symbolisch betrachten. Eine echte, reale Rettung ist dann nicht mehr möglich. Nur noch die Hoffnung auf ein besseres Leben, und dass man niemals aufgeben soll oder ähnliche Floskeln. Im Vertrauen auf die Wahrheit der biblischen Berichte halten wir an der Jungfrauengeburt Jesu fest. Und wir glauben, dass wir durch Jesus als menschgewordenen Sohn Gottes die Erlösung von unseren Sünden haben können – wenn wir das wollen!

Für Maria war jetzt klar, was geschehen würde. Aber die Konsequenzen waren für sie unvorstellbar: Wie gross würde das Gerede im Dorf sein, wenn sie schon jetzt schwanger würde? Aber vor allem: Wie würde Josef reagieren? Sollte sie es ihm erzählen? Die Wahrscheinlichkeit, dass er denkt, sie sei ihm fremdgegangen, war hoch! Es wurde Maria alles zuviel und sie wanderte ganz allein, viele Tage lang, ins judäische Bergland zu ihrer Verwandten Elisabeth, die auch gerade einen Sohn erwartete. Mit ihr würde sie reden können, sie hätte Verständnis und sie könnten zusammen überlegen, wie es weitergehen sollte. Vorerst würde sie dort in Sicherheit sein.

2 – Ein Verlobter steckt im Dilemma

Josef hatte seine Verlobte seit drei Monaten nicht mehr gesehen. Sie war noch nicht seine Ehefrau, weshalb sie ohne Probleme allein weggehen durfte. Das war nicht das Problem. Aber er hatte in der Zwischenzeit erfahren, dass sie schwanger war. Von ihm war sie dies ganz bestimmt nicht.

»Josef war ein Mann, der sich an Gottes Gebote hielt, er wollte Maria aber auch nicht öffentlich blossstellen. So überlegte er, die Verlobung stillschweigend aufzulösen.« (Mt 1,19)

Josef war keineswegs fehlerlos, aber er gehörte zu den Juden, die nicht nur äusserlich die Gebote erfüllen wollten. Er strebte danach, mit ganzem Herzen das zu tun, was Gott gefiel. Bis jetzt war er offensichtlich auch dafür belohnt worden: Er hatte eine Verlobte aus guter Familie und einen angesehenen Beruf in der Baubranche. Und nun das! Seine Verlobte hatte ihn betrogen und war erst noch von diesem Seitensprung schwanger geworden. Ihm blieben zwei Möglichkeiten:

Er konnte vor Gericht die Bestrafung für Maria fordern. Auf Untreue stand die Todesstrafe durch Erdrosselung. Dafür hätte er jedoch zwei Zeugen auftreiben müssen, die er nicht hatte. Er würde also ziemlich sicher nicht damit durchkommen – aber Maria würde dadurch komplett blossgestellt.

Obwohl Josef sicher ungeheuer wütend auf Maria war, wollte er sich nicht an ihr rächen und sie demütigen. Er liess sich nicht von seinen Gefühlen leiten, sondern von Gottes Willen. Er kannte die Gesetze und er kannte Gott und wusste, dass die Gesetze alle dazu da sind, die Menschen zu schützen, weil Gott sie liebt. Auch wenn es nicht bei allen Gesetzen sofort sichtbar ist, ist der Massstab immer die Liebe zum Nächsten. Können wir unsere Wut, unsere Gefühle beiseitelegen und darauf hören, was Gott möchte? Das tun, was richtig ist und nicht, was wir am liebsten tun würden?

Die Demütigung Marias entsprach nicht dem Liebesgebot. Deshalb verwarf er diese Möglichkeit.

Stattdessen entschloss er sich, die Verlobung stillschweigend, das bedeutet, ohne Angabe von Gründen, zu lösen. Er würde ihr einen Scheidebrief ausstellen und damit wäre sie frei. Sie könnte aus Nazareth wegziehen und irgendwo neu beginnen. Die Untreue verheimlichen würde sie vielleicht trotzdem nicht können, aber mehr konnte Josef nicht für sie tun. Dies wäre die schonendste Lösung für alle.

3 – Wenn beide Gott vertrauen und gehorchen, kommt alles gut

Unterdessen war Maria bei Elisabeth angekommen und hörte fasziniert zu, wie sie von ihrer eigenen Schwangerschaft berichtete: Sie war unfruchtbar und auch nicht mehr jung, als ihrem Mann ein Engel erschien und ihm mitteilte, seine Frau würde schwanger werden. Ihr Sohn sollte Johannes heissen; er würde die ehrenvolle Aufgabe erhalten, dem Sohn Gottes den Weg zu bereiten. Aber am Eindrucksvollsten war, dass das Baby in Elisabeths Bauch wie wild zu strampeln begann, als es

Marias Stimme hörte. Maria wurde durch all das so getröstet und gestärkt, dass sie nach diesen drei Monaten voller Vertrauen und Freude wieder zu Josef zurückkehren konnte. Würde der sie mit dem Scheidebrief empfangen?

»Noch während er darüber nachdachte, erschien ihm im Traum ein Engel des Herrn und sagte: ›Josef, du Nachkomme von David, fürchte dich nicht, Maria zu heiraten! Denn das Kind, das sie erwartet, ist vom Heiligen Geist. Sie wird einen Sohn zur Welt bringen, den sollst du Jesus nennen (‚Der Herr rettet'). Denn er wird die Menschen seines Volkes von ihren Sünden befreien.‹« (Mt 1,20-21)

Josefs Bereitschaft, Gottes Wille zu tun, wird belohnt. Auch er erfährt, dass er den Messias grossziehen darf! Während Maria mehr von der Herrschaft des Messias erfahren hat, wird bei Josef der Schwerpunkt auf Jesu vorrangige Aufgabe gelegt: Die Menschen von ihrer Schuld zu befreien und sie so für die Herrschaft vorzubereiten. Wenn Maria und Josef ihre Botschaften austauschten, hatten sie ein ziemlich genaues Bild davon, was ihrem Sohn bevorstand.

Josef war es, der ihrem Sohn den Namen Jesus geben sollte. Durch die Namensgebung nahm er ihn offiziell als seinen eigenen Sohn an. Rechtlich gesehen sollte er der Vater sein. Was für eine Verantwortung!

Auch wenn Josef diesen Traum gehabt hat, war es für ihn ein gewaltiger Vertrauensschritt, es zu glauben. Wohl sogar noch mehr als für Maria. Hätte aber nur einer von beiden Gott nicht vertraut und ihm nicht geglaubt, wäre alles anders gekommen. Gott wäre schlussendlich zwar zu seinem Ziel gekommen – wie immer – aber nicht mit Josef und Maria.

Gott hat mit jedem von uns etwas ganz Besonderes vor. Er weiss genau, wie er unser Leben gestalten würde. Wir pfuschen ihm aber immer wieder rein, weil wir uns anders entscheiden. Nur, wenn wir auf Gott hören und tun, was er möchte, verläuft unser Leben genau so, wie er es für uns vorgesehen hat. Wie ein Navigationsgerät, das sofort eine neue Route berechnet, wenn wir falsch abgebogen sind, plant auch Gott jedesmal einen neuen Weg, der ebenfalls gut wäre. Je häufiger wir richtig abbiegen, desto erfüllter wird unser Leben sein. Wie wissen wir aber, was Gott von uns möchte? Wir haben ja in den seltensten Fällen Erscheinungen von Engeln?! Je weniger ›Worte Gottes‹ schriftlich existierten, desto mehr schickte Gott Engel als Botschafter. Heute haben wir ein Altes und ein Neues Testament, durch das Gott mit uns kommuniziert. Auch durch eine Predigt in der Gemeinde kann Gott zu uns sprechen. Oder durch andere Christen. Oft betrifft das Dinge, die uns Überwindung kosten, sie zu tun, von denen wir aber wüssten, dass sie richtig wären. Schauen wir nur auf Josef und Maria – einfach war das für sie beide nicht. Gerede wird es wohl trotzdem gegeben haben in einem kleinen Ort wie Nazareth! Die Verantwortung, die Gott ihnen auferlegt hatte, war riesig und sicher auch nicht immer einfach zu tragen.

Aber versuche es – überwinde Dich und tue das, wovon Du glaubst, es sei das Richtige! Das, wovon Du glaubst, Gott möchte das jetzt von Dir. Du wirst sehen, es lohnt sich!

Für Josef und Maria hat es sich zweifellos gelohnt. Sie heirateten schliesslich und Jesus bekam – auf normalem Wege – sogar noch vier (Halb-)Brüder (Jakobus, Joses, Judas und Simon) und (Halb-)Schwestern.

Heidnische Magier oder Herodes

Stelle Dir vor, Du würdest morgen in Deinem Briefkasten ein offizielles Schreiben des Einwohnermeldeamtes erhalten mit der Aufforderung, Dich so schnell wie möglich in Deinen Heimatort zu begeben. Wenn Du immer noch dort wohnst, wirst Du es wohl ziemlich gut einrichten können, Dich auf dem Amt zu melden. Wenn Du aber auch nur den Kanton gewechselt hast, wird es etwas mühsamer, das mit Deiner Arbeit unter einen Hut zu bringen, und auch teurer. Erst recht, wenn Du nicht mehr in der Schweiz wohnst.

Wir kommen heute ja sehr schnell überallhin, wir sind mobil. Als Josef und Maria damals, 7 v.Chr., eine solche Aufforderung erhielten, weil der römische Kaiser Augustus aus Steuergründen eine Volkszählung durchführen wollte, sah das etwas anders aus: Josef war ein Nachkomme Davids und stammte deshalb ursprünglich aus dessen Heimatort Bethlehem, 10 km von Jerusalem entfernt. Er wohnte jedoch mit seiner hochschwangeren Verlobten in Nazareth, einem kleinen Ort in Galiläa. Die Reise war schon für Nichtschwangere kein Klacks: ca. 170 km Luftlinie – mit anderen Strassen, als wir uns heute gewohnt sind. Warum Maria mitgehen musste oder wollte, wissen wir nicht mehr: Vielleicht mussten Ehepartner mitgehen (und als Verlobte war sie rechtlich bereits mit Josef verbunden)? Vielleicht wollte Josef sie in ihrem Zustand nicht allein lassen?

Auf jeden Fall liess Josef seine Arbeit liegen, und sie machten sich auf den beschwerlichen Weg nach Bethlehem. Da natürlich unglaublich viele Juden dorthin mussten, um sich einschreiben zu lassen, war dort ein solches Gedränge, dass sich Josef und Maria in einen Stall zurückzogen. Wir kennen die Geschichte. Es war allerdings wohl nicht so dramatisch, wie es den Anschein hat. Damals war es üblich, die Tiere innerhalb des Hauses, in einem abgegrenzten Bereich, zu haben. Es zeigt einfach, dass sehr viele Leute Platz beanspruchten und sie sich wohl für die Geburt etwas abseits niederliessen. Aber es bleibt die Tatsache bestehen, dass diese Unterkunft keinesfalls eines

Königs würdig war! Trotzdem wurde in diesem Stall Jesus, der Sohn Gottes, geboren.

1 – Heidnische Magier suchen nach dem König der Juden

»Da kamen einige Sterndeuter aus einem Land im Osten nach Jerusalem und erkundigten sich: ›Wo ist der neugeborene König der Juden? Wir haben seinen Stern aufgehen sehen und sind aus dem Osten hierhergekommen, um ihm die Ehre zu erweisen.‹« (Mt 2,1b-2)

Was waren das für Männer? Es müssen persische oder babylonische Priester gewesen sein, die in die Sternkunst eingeweiht waren und die uralten babylonischen astrologischen Überlieferungen fortsetzten. Einfacher ausgedrückt: Sie deuteten anhand der Sterne die Zukunft. Es waren Astrologen. Auch Magier genannt. Wieviele das waren, erfahren wir nicht – auch nicht ihre Namen. Nicht sie stehen im Zentrum, sondern das, was sie tun.

Seitdem ein Grossteil Israels im 6. Jh. v.Chr. nach Babylonien verschleppt worden war, gab es auch in der Sterndeutkunst viele jüdische Einflüsse. Offensichtlich gehörte dazu die Erwartung des jüdischen Messias, eines Königs, der nicht nur für die Juden, sondern auch für die Babylonier von Bedeutung sein würde.

Es wurde viel darüber diskutiert und geschrieben, was das für eine Sternenkonstellation gewesen sein muss, die die Magier nach Israel geführt hatte. Sie musste auf jeden Fall sehr eindeutig gewesen sein, dass sich diese Männer auf eine über 1000 km lange Reise machten.

Eine mir plausible Erklärung scheint die spezielle Konstellation der Planeten Jupiter und Saturn, welche in das vermutliche Geburtsjahr 7 v.Chr. fällt. Jupiter galt als Stern des Weltenherrschers, Saturn als Stern der Juden. Wenn man diese miteinander verbindet, hätte man einen jüdischen Weltenherrscher, was gut zum König der Juden, nach dem die Magier in Jerusalem fragten, passt.

Der Messias wird zwar zuerst die Schuldfrage der Menschen lösen, indem er für ihre Schuld am Kreuz stirbt, aber schlussendlich wird er gemäss der Verheissung König der ganzen Welt sein.

Die Bibel lehrt klar, dass Astrologie und Wahrsagerei Gott ein Gräuel sind. Warum hat sich Gott dann genau diesen Männern offenbart und sie gerade durch ihren Aberglauben zum Messias geführt? Sie suchten von ganzem Herzen jahrelang nach dem verheissenen Messias. Sie sehnten sich nach ihm. Ihre innere Einstellung war also goldrichtig. Darin können sie uns ein Vorbild sein! Gott sieht immer auf unser Herz. Uns sollte das aber noch etwas anderes lehren: Wenn uns jemand über unsere Meinung zur Astrologie oder zu einer Religion fragt, dann sollen wir aufrichtig antworten und zu unserer Ansicht und unserem Glauben stehen. Aber wir dürfen niemals einen Menschen, der im Aberglauben oder einer anderen Religion steht, verurteilen! Wir sehen nicht sein Herz, Gott schon! Und Gott kann das, was in seinem Leben falsch läuft, dazu nutzen, um ihn zum Guten zu führen – und so auch uns.

So führte Gott also die Magier durch ihre Sterndeutkunst nach Jerusalem, wo sie nun nach dem genauen Ort des Königs der Juden fragten. Schliesslich musste ein solches Ereignis ja allgemein bekannt sein, wenn sogar sie als Nichtjuden es aus weiter Ferne erkannt hatten!

2 – Der »König der Juden« will den Messias ebenfalls finden

»Als König Herodes das hörte, war er bestürzt und mit ihm ganz Jerusalem.« (Mt 2,3)

Wer war dieser Herodes? Er war von 37 bis 4 v.Chr. der »König der Juden« und trug den Beinamen »der Grosse«. Durch Freundschaft mit den Römern und Schmeichelei herrschte er über ein fast so grosses Gebiet wie König David zu seiner Zeit. Allerdings als Untergebener der Römer, denn Israel gehörte zum römischen Reich. Eines von Herodes Merkmalen war seine grosse Bautätigkeit – auch den Tempel in Jerusalem, von dem heute noch die sogenannte »Klagemauer« steht, liess er neu bauen. Ein anderes Merkmal ist weniger schön: Er war wegen seiner Unsicherheit überaus grausam. Die Juden lehnten ihn ab, da er Römerfreund und noch dazu nicht jüdischer Abstammung war. Seine Herrschaft stand also auf wackligen Füssen. Er war auch vollkommen von römischer Gunst abhängig, die durch jüdische Aufstände schnell abhandenkommen konnte. Deshalb sah er überall Verschwörungen und liess die vermeintlichen oder auch tatsächlichen Verschwörer hinrichten. Gerade 7 v.Chr. liess er seine beiden eigenen Söhne Alexander und Aristobul hinrichten, weil er ihnen nicht mehr vertraute. Er hatte überall seine Spitzel, die ihn auf dem Laufenden hielten, was sich im Volk so tat. So erfuhr er auch von der schlimmsten aller Fragen: »Wo ist der neugeborene König der Juden?« Dass auch die anderen Menschen in Jerusalem bestürzt waren, war klar – sie wussten, sie mussten darunter leiden, wenn Herodes wütend wurde.

Ganz seinem Charakter entsprechend beschloss Herodes sofort, diesen Konkurrenten zu eliminieren, solange er noch keine grosse Gefahr darstellte. Dies musste aber heimlich geschehen, um keinen Aufstand unter den Juden zu provozieren.

»Er rief die obersten Priester und die Schriftgelehrten des jüdischen Volkes zusammen und fragte sie: ›Wo soll dieser versprochene Retter denn geboren werden?‹« (Mt 2,4)

Es ist überaus interessant, dass Herodes die geistlichen Führer der Juden, die Schriftgelehrten, die sich in der Heiligen Schrift und ihren Verheissungen gut auskannten, befragte. Das heisst doch, er ging davon aus, dass es sich bei diesem König der Juden tatsächlich um den verheissenen Messias handelte! Er dachte nicht daran, dass da jemand einfach für den Messias ausgegeben wurde. Es ist also tatsächlich der lange erwartete, von Gott gesandte Retter, Gottes Sohn, geboren worden!

Dass Herodes darauf nichts gab, zeigt schon allein seine Unwissenheit, sein Desinteresse an der jüdischen Religion. Jeder zwölfjährige Jude wusste über solch zentrale Stellen der Heiligen Schrift Bescheid!

Und tatsächlich bekommt er seine Antwort:

»Sie antworteten: ›In Bethlehem in Judäa. So heisst es schon im Buch des Propheten: ‚Bethlehem, du bist keineswegs die unbedeutendste Stadt in Juda. Denn aus dir kommt der Herrscher, der mein Volk Israel wie ein Hirte führen wird.‘‹« (Mt 2,5-6)

Jeder Zwölfjährige wusste es. Umso mehr die Schriftgelehrten und Priester. Es war keine schwierige Frage, die ihnen da gestellt wurde. Aber warum, um alles in der Welt, machten sie sich nicht spätestens jetzt auf den Weg nach Bethlehem?? Die Juden warteten doch sehnsüchtig auf diesen Messias! Offensichtlich war es mit ihrer Sehnsucht nicht weit her. Sie lebten ihren Glauben nicht, sondern sprachen nur davon – schauen wir, dass es bei uns anders ist, wenn wir an Jesus denken. Dass es nicht nur leeres Gerede ist, weil alle in unserem Umfeld so reden; dass wir nicht nur beten, weil man es eben so tut. Wir wollen mit ganzem Herzen glauben und unseren Glauben leben!

»Daraufhin liess Herodes die Sterndeuter heimlich zu sich kommen und fragte sie aus, wann sie den Stern zum ersten Mal gesehen hätten. Anschliessend schickte er sie nach Bethlehem: ›Erkundigt euch genau nach dem Kind‹, sagte er, ›und gebt mir Nachricht, sobald ihr es gefunden habt. Ich will dann auch hingehen und ihm Ehre erweisen.‹« (Mt 2,7-8)

Herodes wollte die Magier als Spitzel missbrauchen. Er wollte genau darüber informiert werden, wie alt das Kind war (deshalb fragte er nach dem Erscheinen des Sterns) und wo es sich befand. Natürlich nicht, um ihm dann die Ehre zu erweisen, sondern um es heimlich töten zu können.

Herodes hatte die schlimmste Absicht und dennoch benutzte Gott genau diese, um die Magier auf ihrem Weg zum Messias zu führen: Herodes nannte ihnen den Geburtsort Bethlehem.

Es ist für uns doch ein unglaublicher Trost, dass Gott noch im schlimmsten Moment unseres Lebens alles in seiner Hand hat. Er hat es im Griff, er hat nicht die Kontrolle verloren.

Selbst, wenn er Böses zulässt, kann er es jederzeit so gebrauchen, dass das Böse schlussendlich Gottes Plan sogar unterstützen muss!

3 – Der wahre König der Juden wird geehrt

»Nach diesem Gespräch gingen die Sterndeuter nach Bethlehem. Derselbe Stern, den sie schon beobachtet hatten, als er am Himmel aufging, führte sie auch jetzt. Er blieb über dem Haus stehen, in dem das Kind war. Als sie das sahen, kannte ihre Freude keine Grenzen.« (Mt 2,9-10)

Diese besondere Konstellation der Sterne brachte sie dazu, nach Israel zu reisen. Soweit kann man es naturwissenschaftlich noch belegen und einordnen. Was jetzt allerdings geschieht, ist nicht mehr logisch erklärbar: Die ganze Konstellation oder nur einer der Sterne zeigte ihnen das genaue Haus in Bethlehem. Ob der Stern wanderte, eine Sternschnuppe zum Haus fiel oder der Glanz des Sterns das Haus beleuchtete, wird nicht gesagt. Es bleibt ein Wunder. Wir sollen es gar nicht rational verstehen können. Wichtig für Gott war die Reaktion der Magier: Wörtlich steht auf Griechisch: »Sie freuten sich mit grosser Freude heftig.« Wenn das keine wahre Freude beschreibt?! Ihre Freude konnte nicht grösser sein, denn sie haben ihr Lebensziel erreicht!

Es gibt im Prinzip nur zwei Einstellungen, die man zu Jesus Christus haben kann: 1. Die der Magier: Man möchte diesen Jesus, diesen Messias, unbedingt kennenlernen und tut viel, vielleicht sogar alles dafür. Es ist das Lebensziel, das es zu erreichen gilt. 2. Die des Herodes und letztlich auch die der Mehrheit der führenden Juden: Jesus ist einem gleichgültig, solange man nichts mit ihm zu tun hat; man will ihn jedoch loswerden, wenn man trotzdem mit ihm in Berührung kommt. Los wird man ihn, indem man abstreitet, dass er der Messias ist, dass er Wunder getan hat, dass er der Sohn Gottes ist – das alles wäre dann die Erfindung der ersten christlichen Gemeinde gewesen. Der Wunsch ihn loszuwerden kann jedoch auch eine unvorhergesehene Wendung nehmen: Man wird von ihm überzeugt und möchte ihn doch kennenlernen.

Offensichtlich hat die Herkunft eines Menschen nichts damit zu tun, welche der beiden Einstellungen gewählt wird. Dass man christlich erzogen worden ist, sogar traditionsbewusst in die Kirche geht, bedeutet nicht, dass man automatisch die Einstellung der Magier hat. Denn gerade die führenden Juden hätten dann ja sonst den Messias aufsuchen müssen. Jeder Mensch muss selbst entscheiden, zu welcher Gruppe er gehören will. Denn jeder Mensch muss seine Entscheidung letztlich auch selbst verantworten.

Dass gerade die Magier sich so sehr freuten am Messias der Juden, liess vorausblicken, dass Jesus nicht nur der König der Juden sein würde, sondern dass durch ihn die Erlösung von der Schuld für alle Menschen weltweit möglich wurde.

»Sie betraten das Haus, wo sie das Kind mit seiner Mutter Maria fanden, fielen vor ihm nieder und ehrten es wie einen König. Dann packten sie ihre Schätze aus und beschenkten das Kind mit Gold, Weihrauch und Myrrhe.« (Mt 2,11)

Mittlerweile wohnte die junge Familie wohl nicht mehr in dem Stall. Wir haben zwar keine genaue Zeitangabe, wann die Magier bei ihnen auftauchten, aber es ist zu vermuten, dass die Familie vor dem Besuch der Sterndeuter schon in Jerusalem gewesen war, um verschiedene Opfer im Tempel darzubringen, denn nachher wussten sie von der Bedrohung durch Herodes. Zum einen musste Maria ein Reinigungsopfer bringen, da sie nach der Geburt vierzig Tage als unrein galt (3. Mose 12), zum anderen musste der erstgeborene Sohn durch ein Opfer ausgelöst werden (2. Mose 13,12) – so wollte es das Gesetz, denn eigentlich gehörte alles Erstgeborene Gott und hätte deshalb geopfert werden müssen. Nur für die menschliche Erstgeburt sollte eben ein Opfer an seiner Stelle dargebracht werden. Als gläubige Familie taten sie das. Danach kehrten sie wieder nach Bethlehem zurück – vielleicht in das Haus Josefs, wenn er eines dort besessen hatte. Auf jeden Fall war das kein Palast, denn die Familie war eher arm: Die Reise hatte Geld gekostet und Josefs Arbeit lag in Nazareth brach.

Was die Magier hier antrafen, entsprach also kaum ihrer Vorstellung eines Königs: kein Palast, keine Diener, keinerlei Luxus. Wenn sie eine bestimmte Erwartung hatten, dann liessen sie sich korrigieren. Denn sie gingen nicht wieder weg und suchten woanders einen König, der ihrer Vorstellung besser entsprochen hätte, sondern sie ehrten ihn wie einen König: Gold war ein königliches Geschenk. Weihrauch und Myrrhe waren messianische Gaben.

Oft haben wir auch eine genaue Vorstellung davon, wie einer sein müsste, damit es sich lohnt, ihm sein Leben anzuvertrauen. Wie Gott sein müsste, um wirklich als Gott verehrt werden zu dürfen. Es ist normal, ein Wunschbild im Kopf zu haben, eine bestimmte Erwartung. Aber es ist wichtig, dass wir uns von Gott belehren und korrigieren lassen – und nicht an Gottes Taten einfach vorübergehen, weil wir sie nicht als solche erkennen! Manchmal sehen Gebetserhörungen von Gott anders aus, als wir es gewollt hätten – trotzdem sind es Antworten von Gott auf unsere Gebete.

Die Magier waren also an ihr Ziel gekommen. Sie würden in einem Traum die Weisung erhalten, nicht zu Herodes zurück zu gehen, um Bericht zu erstatten, sondern direkt zurück in ihre Heimat. Herodes wusste deshalb keinen anderen Ausweg, als einfach alle Knaben in Bethlehem unter zwei Jahren töten zu lassen. Aber Gott führte die Familie auch in dieser schrecklichen Situation und befahl Josef, mit seiner Familie nach Ägypten zu fliehen und dort abzuwarten.

Manchmal sind wir fast eifersüchtig auf die vielen Engelsbotschaften, die Josef und Maria erhielten. Aber sie brauchten den Trost und die Führung wohl auch mehr als andere, denn Gott schenkte ihnen nicht nur Trost, sondern erwartete auch enorm viel von ihnen.

Was lernen wir nun von den Magiern ganz praktisch? Sie haben Zeit, Geld und Mühe in diese Reise investiert, um Jesus die Ehre zu erweisen, die er verdient hat. Tun wir das auch?

Irdischer oder göttlicher Vater?

Als unsere Tochter zweijährig war, wohnten wir im dritten Stock eines Hochhauses mitten in Basel. Die Waschmaschinen standen im Erdgeschoss – es war deshalb klar, dass ich meine Tochter jedes Mal mit nach unten nahm, wenn ich mich um die Wäsche kümmern musste. Sie war jedoch ein ziemlicher Wirbelwind, der nicht still neben mir stand, während ich die gewaschene Wäsche in den Tumbler füllte. Sie spielte im Flur. Einmal hat jemand die Haustür offen gelassen und sie lief mir davon. Ich rief nach ihr, suchte sie überall, lief die Treppe bis in den zehnten Stock hoch und wieder runter, ging vor die Tür, zum Spielplatz, zur Strasse. Ich fand sie nicht. Das war ein unglaublich schlimmes Gefühl: Zuerst noch zuversichtlich, dass sie nur einen Gang weiter spielt, dann verzweifelter, wütender und schliesslich kommen einem wirklich schlimme Dinge in den Sinn, die passiert sein könnten.

Ich fand sie dann schlussendlich eine ganze Strasse weiter, beim Migros. Die Erleichterung war riesig.

Wem so etwas Ähnliches auch schon mal passiert ist, der kann in etwa nachfühlen, wie sich Josef und Maria damals gefühlt haben mussten, als ... Aber alles der Reihe nach.

1 – Jesus distanziert sich von seinen Eltern ...

»Jahr für Jahr besuchten Josef und Maria das Passahfest in Jerusalem. Als Jesus zwölf Jahre alt war, gingen sie wie gewohnt dorthin und nahmen ihn mit.« (Lk 2,41-42)

Am Passahfest feiern die Juden die Befreiung des Volkes Israels aus der Sklaverei in Ägypten. Zu diesem Fest und zu zwei weiteren Festen müssen alle männlichen Juden jedes Jahr nach Jerusalem pilgern. So wollte es das Gesetz. Da Josef bereits als Mann, der die Gebote halten wollte, vorgestellt wurde, ist es klar, dass auch er mit seiner Familie sich auf den Weg machte. Vielleicht liessen sie die jüngeren Kinder, die sie mittlerweile bekommen hatten, in Nazareth bei Verwandten zurück, darüber wissen wir nichts. Jesus aber war nun zwölf Jahre alt und durfte mitkommen. Wie sah seine Kindheit bis dahin aus? Bis drei- oder vierjährig lebte Jesus mit seinen Eltern in Ägypten, wohin sie vor Herodes hatten fliehen müssen. Danach zogen sie nach Nazareth, wo Josef und Maria vor ihrer Hochzeit bereits gewohnt hatten, wo also auch ihre Verwandten lebten. Dort verbrachte Jesus die Kindheit, dort besuchte er auch die Synagoge, wo er in den Heiligen Schriften unterrichtet wurde wie jeder andere jüdische Junge auch. Wenn Jesus nun zwölfjährig war, heisst das, dass er die religiöse Grundausbildung abgeschlossen hat und nun als religionsmündig galt. Er war nun als Bar Mizwa (»Sohn des Gesetzes«) selbst dafür verantwortlich, das Gesetz zu halten. Bisher war es Josefs Verantwortung gewesen. Es war für Jesus also eine ganz besondere Wallfahrt.

Jesus war zwar neben seiner Menschlichkeit auch hundertprozentig Gott, aber offensichtlich nicht allwissend wie sein himmlischer Vater. Als er Mensch wurde, hat er sich erniedrigt, gedemütigt: Er hat durch den Körper eine Begrenzung erhalten, aber durch das Verzichten auf die Allwissenheit auch eine geistliche Begrenzung. Er wurde eben auch hundertprozentig Mensch. Er weiss deshalb genau, wie es uns geht, wie wir uns fühlen, wenn wir Dinge nicht begreifen können, zuerst lernen müssen, immer nur den nächsten Schritt voraussehen können, in Versuchung geraten, etwas Schlechtes zu tun und so weiter. Im Gegensatz zu uns hat er der Versuchung jedoch nie nachgegeben, schon als Kind nicht. Er hat nie ein Gebot gebrochen, nie seine Eltern nicht geehrt, sie nie belogen oder beleidigt. Und trotzdem musste er lernen.

In der heutigen evangelisch-reformierten Kirche werden die Jugendlichen mit 16 durch die Konfirmation religionsmündig. Ab dann sind sie selbst dafür verantwortlich, ob sie den Glauben ihrer Eltern übernehmen wollen oder nicht. Ab da müssen sie in religiösen Dingen für ihre Entscheidungen selbst gerade stehen. In den Freikirchen ist es oft der Abschluss des Biblischen Unterrichts, der diese Schwelle kennzeichnet. Auf jeden Fall kommt immer der Moment, wo man Eigenverantwortung übernehmen muss.

»Nach den Festtagen machten sich die Eltern wieder auf den Heimweg. Jesus aber blieb in Jerusalem, ohne dass sie es bemerkten. Denn sie dachten, er sei mit anderen Reisenden unterwegs. Nachdem sie einen Tagesmarsch weit gekommen waren, begannen sie, bei ihren Verwandten und Freunden nach ihm zu suchen. Als sie ihn aber dort nicht fanden, kehrten sie besorgt um und suchten ihn überall in Jerusalem.« (Lk 2,43-44)

Das Passahfest dauerte eine ganze Woche lang. Anschliessend zogen sie mit vielen anderen Pilgern aus Galiläa, darunter auch viele Verwandte und Freunde aus Nazareth, wieder nach Hause zurück. Man wanderte in der Regel nicht alleine, weil auch viele Räuber unterwegs waren. Es war sicherer in der Gruppe. Es ist klar, dass ein Zwölfjähriger nicht an der Hand der Eltern geht, wenn alle seine gleichaltrigen Freunde ebenfalls dabei sind. Da Jesus den Eltern noch nie Grund zur Klage gegeben hatte, vertrauten sie ihm völlig und liessen ihm diesen Freiraum.

Jesus aber war nicht unter seinen Freunden, sondern er blieb in Jerusalem. Da er vor dem Gesetz volljährig war, war das sein gutes Recht, noch länger zu bleiben. Aber die Frage, die man sich stellt, ist doch: Warum hat er es seinen Eltern, die er doch liebte, nicht mitgeteilt und ihnen so Sorgen erspart? Diese Frage können wir wohl nur annähernd beantworten. Sicher wissen wir nur, dass Jesus mit dieser Unterlassung nicht das Gebot, die Eltern zu ehren, gebrochen hat – denn er hat niemals gesündigt, nie einen Fehler gemacht. Die Antwort werden wir im zweiten Teil erahnen können.

Jesus blieb also in Jerusalem, während seine Eltern bereits einen ganzen Tag lang Richtung Galiläa gewandert sind. Erst am Abend, als er für die Übernachtung zu ihnen kommen sollte, begannen sie überhaupt, ihn bei den Verwandten und Freunden zu suchen. Als niemand ihn gesehen haben wollte, gingen sie voller Verzweiflung und Angst nach Jerusalem zurück. Dafür brauchten sie sicher nicht so lange wie auf dem Hinweg, denn ängstliche Eltern gehen schnell! Sie kamen also wohl schon im Verlauf des nächsten Morgens in Jerusalem an. Unterwegs werden sie sich – wie ich damals – die schlimmsten

Szenarien ausgedacht haben: Er stürzte und liegt irgendwo, er wurde von Räubern überfallen und getötet, er hat sich verirrt und findet sie nicht mehr und ... und ... und. So suchten sie ihn nun verzweifelt überall in Jerusalem, wo sie während der Festtage mit ihm gewesen waren.

2 – ... und sucht die Nähe zu seinem himmlischen Vater

»Endlich, nach drei Tagen, entdeckten sie Jesus im Tempel. Er sass mitten unter den Gesetzeslehrern, hörte ihnen aufmerksam zu und stellte Fragen. Alle wunderten sich über sein Verständnis und seine Antworten.« (Lk 2,46-47)

Jerusalem war zwar damals noch nicht sehr gross, aber mit den verbliebenen Festpilgern könnten sich durchaus noch an die 100'000 Menschen dort aufgehalten haben. Es ist klar, dass sie ihn in diesem Gewühl nicht sofort fanden. Jesus war also insgesamt drei Tage lang allein in Jerusalem – wohl täglich im Tempel, wo immer Rabbiner, eben Gesetzeslehrer, lehrten. Sie gehörten der pharisäischen Partei an, die auf die genaue Einhaltung aller Gesetze grossen Wert legte. Deshalb forschten und lehrten sie täglich. Alle interessierten Juden durften sich dazusetzen. Beim rabbinischen Schulbetrieb war es üblich, sich gegenseitig Fragen zu stellen, weshalb auch Jesus nicht nur zuhörte und selbst Fragen stellte, sondern auch seinerseits Rede und Antwort stehen musste. Er verhielt sich also grundsätzlich wie ein ganz normaler interessierter zwölfjähriger Jude. Aber sein Scharfsinn und seine Weisheit, trotz seines jungen Alters, stachen heraus und erstaunten die Rabbiner. Sie erlebten, was beim Propheten Jesaja bereits vorausgesagt wurde: *»Der Geist des Herrn wird auf ihm* [dem Messias] *ruhen, der Geist der Weisheit und der Einsicht, der Geist des Rates und der Kraft, der Geist der Erkenntnis und der Ehrfurcht vor dem Herrn.«* (Jesaja 11,2)

Und trotzdem war Jesus noch nicht vollkommen in seiner Weisheit. Er nutzte jede Gelegenheit, um mehr über die Heiligen Schriften und damit auch über seinen himmlischen Vater zu erfahren. Selbst von den Pharisäern wollte er lernen, obwohl er sie später in seinem Dienst oft korrigieren und ermahnen musste. Wenn schon der Gottessohn selbst lernen musste, wieviel mehr dann wir? Wir sollten ebenfalls jede Gelegenheit nutzen, um mehr von der Bibel, von Gott und von Jesus zu erfahren: Sei es durch Bibellesen, durch Kommentare zur Bibel, andere Bücher, Predigten oder Gespräche. Wenn wir etwas mit unserem Leben bewirken wollen, brauchen wir eine gute Vorbereitung. Das muss nicht bei jedem ein komplettes Theologiestudium sein, aber jeder Christ sollte sich eigenes Wissen erarbeiten, um nicht völlig von Theologen abhängig zu sein, die selbst auch nur fehlbare Menschen sind. Natürlich sollte man sich auch schon vor seiner Entscheidung, Christ zu werden, mit den biblischen Berichten beschäftigen – wie könnte man sonst eine fundierte Entscheidung treffen?

Obwohl Jesus noch am Lernen war, staunten die Lehrer jetzt schon über sein Verständnis. Verständnis kann nicht allein durch Lernen erarbeitet werden, Verständnis wird letztendlich auch von Gott geschenkt – und in dieser Hinsicht war Jesus seinen Lehrern sogar schon voraus!

»Die Eltern waren fassungslos, als sie ihn dort fanden. ›Kind‹, fragte ihn Maria, ›wie konntest du uns nur so etwas antun? Dein Vater und ich haben dich überall verzweifelt gesucht!‹«
(Lk 2,48)

Auch die Eltern waren fassungslos – aber nicht über seine grosse Weisheit, sondern über die Trennung. Das hatte er noch nie gemacht. Warum jetzt? Auch Josef hat sich natürlich gesorgt, aber die mütterliche Sorge ist meistens noch etwas emotionaler, deshalb brach es auch sofort aus Maria hervor ...

Jesus antwortete ganz ruhig mit einer Gegenfrage:

»›Warum habt ihr mich gesucht?‹, erwiderte Jesus. ›Habt ihr denn nicht gewusst, dass ich im Haus meines Vaters sein muss?‹«
(Lk 2,49)

Er wunderte sich nicht, dass sie sich Sorgen um ihn gemacht hatten, sondern darüber, dass sie nicht wussten, wo er war –

sie hätten also nur zu ihm gehen müssen, ohne vorausgehende grosse Suchaktion. Und in diesen Fragen ist zugleich die Antwort verborgen, die wir im ersten Teil erfahren wollten:

Jesus hatte von Anfang an zwei Väter: Josef, den irdischen Vater, der ihn quasi adoptiert hat, dem er gehorchen und den er ehren musste; und Gott, den himmlischen, eigentlichen Vater, dem er noch mehr gehorchen und den er noch mehr ehren musste. Weil Josef nicht fehlerlos war, war das sicher nicht immer einfach! Jesus wusste, dass er sich mit fortschreitendem Alter immer mehr von Josef (und auch Maria) distanzieren und dafür seinem himmlischen Vater näherkommen musste. Gerade jetzt, wo er volljährig geworden war, musste er diese Weiche stellen. Indem er Gott gehorchte, in Jerusalem blieb und von den Pharisäern mehr über ihn erfuhr, und es seinem Vater Josef nicht mitteilte, zeigte er genau, wo seine Priorität lag.

In der Prioritätensetzung geht es uns ähnlich. Auch wir müssen uns dafür entscheiden, wer in unserem Leben an erster Stelle steht, wem wir zuallererst gehorchen wollen. Wenn unsere Eltern oder auch unsere Freunde nicht Christen sind, dann müssen wir uns umso stärker von einem Teil ihrer Erwartungshaltungen und Verhaltensweisen distanzieren, weil sie dem Willen Gottes sehr oft entgegenstehen. Mit Distanzieren meine ich nicht, dass man den Kontakt zu den Eltern oder liebgewordenen Menschen einfach abbrechen soll - aber man muss sich von der Abhängigkeit und ihrer Meinung lösen. Man muss sich umso mehr an Gott binden und sich von ihm abhängig machen. Dies gilt natürlich auch dann, wenn die Eltern oder die Freunde Christen sind - denn auch sie sind nicht fehlerfrei und können Gottes Willen widersprechen.

Jesus zeigte mit seinem Verhalten also den Eltern ganz deutlich, dass er bei aller Liebe zu ihnen doch den himmlischen, wahren Vater über sie stellte. Er musste einfach in Jerusalem bleiben, weil Gott es so wollte. Es war ihm bewusst, dass er dadurch seinen Eltern Sorgen bereitete und Leid zufügte, konnte es aber nicht ändern, ohne Gott hintanzustellen.

»Doch sie begriffen nicht, was er damit meinte.« (Lk 2,50)

Sie hörten zwar seine Worte, aber begriffen nicht, was er ihnen damit sagen wollte. Ihnen hatten die Engel so viel mehr als anderen Menschen über den Messias verraten, sie wussten über seine übernatürliche Geburt Bescheid – und trotzdem fehlte ihnen das Verständnis. Das ist damit zu erklären, dass sie als normale Menschen zur gefallenen, sündigen Welt gehörten. Geistliche Wahrheiten waren ihnen so lange verborgen, bis Gott ihnen das Verstehen dazu schenken wollte. Und offensichtlich war dafür die Zeit noch nicht gekommen. Man darf sie jetzt aber auch nicht als dumme Menschen, die schwer von Begriff sind, abstempeln. Sie haben durchaus verstanden, dass Jesus den himmlischen Vater über sie stellte, dass er hier von Gott sprach. Im zweiten Teil des nächsten Verses, den wir anschauen wollen, wird deutlich, dass Maria wohl nach und nach immer besser verstand, worauf das alles hinauslief.

3 – Das Verstehen wächst

»Dann kehrte Jesus mit seinen Eltern nach Nazareth zurück, und er war ihnen gehorsam.« (Lk 2,51a)

Jesus musste in Jerusalem bleiben, weil Gott es so wollte. Er stellte Gott über seine Eltern. Aber danach kehrte er mit ihnen nach Hause zurück und ordnete sich ihnen ganz unter.

Wir haben durch diese Geschichte also nicht die Erlaubnis, uns gegen unsere Eltern zu stellen, ihnen nicht zu gehorchen und ihnen Sorgen zu bereiten! Jesus zeigt uns hier nur, dass wir dann – und ausschliesslich dann –, wenn unsere Eltern etwas von uns verlangen, was gegen Gottes Gebote verstösst, ihnen nicht gehorchen müssen, ja sogar nicht dürfen! Wenn wir als Kinder oder Teenager nur das vage (oder manchmal auch willkommene) Gefühl haben, dass Gott das jetzt sicher nicht so will, dann gilt immer noch das Wort der Eltern, die für uns verantwortlich sind. Deshalb ist es auch so wichtig, dass wir so schnell wie möglich – auch als Kinder schon – über Gottes Gebote und seinen Willen aufgeklärt werden.

Für uns gehört diese kurze Geschichte im Evangelium des Lukas wohl nicht zu den bedeutsamsten Ereignissen in Jesu Leben. Aber für Maria war sie wichtiger, als es zunächst den Anschein hat:

»Seine Mutter dachte immer wieder über das nach, was geschehen war.« (Lk 2,51b)

Da Josef ab hier nicht mehr erwähnt wird, ist er wohl kurz nach dieser Pilgerfahrt verstorben. Jesus als ältester Sohn hätte dann das Geschäft des Vaters übernommen.

Die Sorgen von damals verblassten wohl bald – es passierte ja nichts Vergleichbares mehr. Jesus war wieder das Vorzeigekind, das er schon immer gewesen war. Aber das, was Jesus ihnen damals geantwortet hatte, das bewegte sie noch jahrelang. Wenn Jesus Gottes Wille tatsächlich immer über ihren Willen stellen würde, was bedeutete das dann für seinen Auftrag als Messias? Als sie mit Jesus als Neugeborenem zum ersten Mal in Jerusalem waren, um die vorgeschriebenen Opfer für ihn darzubringen, da trafen sie einen alten Mann namens Simeon. Dieser sagte ihr voraus, dass die Menschen ihren Sohn als Messias ablehnen würden und der Schmerz darüber ihr durchs Herz dringen würde. Jesus, ihr Sohn, würde leiden müssen und sie mit ihm. Ausserdem wurde Josef damals gesagt, dass sein Sohn die Menschen von ihren Sünden befreien würde, was stark an den sogenannten Gottesknecht erinnerte, den der Prophet Jesaja beschrieben hatte, und der für die Sünden der Menschen sterben würde. Maria wurde also immer stärker bewusst, dass Jesus irgendwann den Auftrag von Gott bekommen würde, zu sterben. Und sie fürchtete zu Recht, dass er dann Gott gehorchen und tatsächlich sterben würde ...

Wer hat in unserem Leben das Sagen, das letzte Wort? Gott, unsere Eltern und Freunde oder wir selbst? Sind wir bereit, unsere Lieben sogar zu verletzen, um Gott gehorchen zu können? Oder verletzen wir lieber Gott, um unsere Freunde zu schonen? Zu wem ist die Liebe ist grösser?

Johannes der Täufer

Wir befinden uns 390 m unter dem Meeresspiegel, am unteren Lauf des Jordan, wo eine Furt die Menschen den Jordan überqueren lässt. Es herrscht dort immer reger Betrieb, da es die nächste Furt bei Jericho und Jerusalem ist. Man nennt dieses Gebiet auch judäische Wüste, denn die Landschaft ist trotz des Flusses ziemlich kahl und einsam. Dort war – so sagt man – auch der Prophet Elia vor fast 800 Jahren in den Himmel aufgefahren.

Dorthin wurde 28 n.Chr. Johannes von Gott berufen. Er war der Sohn von Zacharias und Elisabeth, einer Verwandten von Jesu Mutter Maria. Und er war – wie Jesus – um die 35 Jahre alt. Dieser Johannes trug einen Mantel aus Kamelhaar, weil der robust war und nicht so häufig ersetzt werden musste. Es war die Kleidung der Propheten, da diese für gewöhnlich nicht viel Geld besassen. An seiner Ernährung sah man, dass er von keinem Menschen abhängig sein wollte. Er verliess sich ganz auf Gott, ass nur Heuschrecken und wilden Honig. Er war also ein ganz besonderer Mann, der die Menschen neugierig machte.

Und was tat Johannes, wenn Neugierige zu ihm an den Jordan kamen? Er predigte den Leuten, dass sie zu Gott umkehren, sich wieder ganz neu auf ihn besinnen sollten. Und als Zeichen ihres guten Willens, der durch das Bekennen der Sünden dargelegt wurde, taufte er sie im Jordan. Deshalb wurde er bald auch Johannes, der Täufer, genannt. Die Taufe an sich war den Juden wohlbekannt – es war die rituelle Reinigung, die im Gesetz verschiedentlich vorgeschrieben war. Denn dass man vollkommen rein sein musste, um Gott begegnen zu können, war allen Juden klar. Bisher hatte aber der, der rein werden wollte, sich immer selbst gewaschen. Es war also etwas Neues bei Johannes, wenn er sagte, man müsse die Reinheit von Aussen, von jemand anderem als sich selbst empfangen.

Dies hat sich auch heute nicht geändert: Wir können durch eigene Anstrengung niemals so gut leben, so fehlerlos und rein sein, dass wir vor Gott bestehen könnten. Wir sind auf eine besondere Reinigung von Aussen angewiesen ...

Johannes hatte mit seiner Botschaft grossen Zulauf aus allen Menschengruppen: Städter, Dörfler, Nomaden, reich, arm, Parteimitglieder und gewöhnliches Volk. Sie waren nicht nur neugierig, sondern viele sehnten sich tatsächlich nach dem Messias, wollten sich auf dessen Ankunft vorbereiten und liessen sich von Johannes taufen.

1 – Die Taufe allein bewirkt überhaupt nichts

Man könnte meinen, Johannes sei erfreut über den grossen Zulauf gewesen. Umso mehr überrascht uns seine Reaktion, die Lukas, einer der Evangelisten, überliefert hat:

»Aber er hielt ihnen entgegen: ›Ihr Schlangenbrut! Wer hat euch auf den Gedanken gebracht, ihr könntet dem kommenden Gericht Gottes entrinnen?‹« (Lk 3,7b)

Schlangenbrut ist eine der schlimmsten Beleidigungen für Juden. Denn sie bedeutet nichts anderes, als dass sie statt Kinder Gottes Kinder der Schlange, des Teufels, seien. Wie der Teufel wären dann auch sie Sünder und Verführer, die andere Menschen zur Sünde verführen. Offensichtlich meinte Johannes damit nicht alle Menschen, die zu ihm kamen, sondern nur ganz bestimmte. Inwiefern waren diese denn Verführer? Was lehrten sie die anderen Menschen, was nicht richtig war?

Es gab unter denen, die zu Johannes kamen, solche, die sich zwar taufen lassen wollten, aber überhaupt nicht vorhatten, etwas an ihrem Leben zu ändern. Dies zeigt der nächste Vers:

»Zeigt durch eure Taten, dass ihr wirklich zu Gott umkehren wollt!« (Lk 3,8a)

Nur die Taufe allein bewirkte überhaupt nichts. Und so ist es heute noch: Die Taufe ist ein Symbol dafür, dass sich jemand von Gott reinigen lässt und nun mit ihm zusammen leben möchte. Aber sie ist eben nur das Symbol dafür und hat für sich allein genommen keine Wirkung. Auch die Taufe des Johannes sollte zeigen, dass der Täufling sich bewusst war, dass er eine Reinigung braucht, die er sich selbst nicht verschaffen konnte – dass er genau diese Reinigung vom nahenden Messias erwartete. Wenn man sich ganz von Gottes Gnade abhängig weiss, dann verändert man sein Verhalten grundlegend: 1. Man wird demütig und legt jede Selbstgerechtigkeit ab. Man hat auch mehr Akzeptanz für andere übrig. 2. Man versucht, so gut es geht, das zu tun, was man kann. Man bricht nicht bewusst ein Gebot.

Gerade der erste Punkt betraf viele Pharisäer, die meinten, durch das perfekte Befolgen aller Gebote – und sie waren davon überzeugt, das zu tun – würden sie Gott aus sich heraus genügen. Die Sadduzäer dafür nahmen es auch mit den Geboten nicht so genau, da ihnen Politik und Macht wichtiger war. Ein anderer Evangelist, Matthäus, hat geschrieben, Johannes hätte diesen Vorwurf direkt an die Sadduzäer und Pharisäer gerichtet. Aber auch unter diesen, vor allem den Letztgenannten, gab es gläubige Juden, die sich völlig bewusst waren, dass sie von Gottes Gnade abhängig waren. Und umgekehrt gab und gibt es Selbstgerechte, die aus dem einfachen Volk stammten. Deshalb hat Lukas die Formulierung wohl offen gelassen.

Johannes kannte solche selbstgerechten Menschen zur Genüge, und er wusste auch genau, wie sie argumentierten:

»Bildet euch nur nicht ein, ihr könntet euch damit herausreden: ›Abraham ist unser Vater!‹ Ich sage euch: Gott kann selbst aus diesen Steinen hier Nachkommen für Abraham hervorbringen.« (Lk 3,8b)

Die Selbstgerechtigkeit hatte bei Vielen den Ursprung darin, dass sie sich als Nachkommen Abrahams sahen: Ihm wurde ja verheissen, dass Gott auf ewig der Gott seiner Nachkommen sein würde. Wo lag also das Problem? Sie waren Gott ja nahe; näher als alle anderen Menschen. Ihnen konnte nichts geschehen – weshalb also eine Umkehr?

Dagegen sagte Johannes eben, dass der allmächtige Gott sich sofort aus jedem Stein »Nachkommen Abrahams« erschaffen könnte, die dann immer perfekt genau das tun würden, was er wollte. Aber genau diesen Automatismus will Gott eben nicht!

Gott möchte echte Zuwendung, echte Beziehung, freiwilligen Gehorsam. Es geht Gott um die innere Einstellung, die bei vielen leiblichen Nachkommen Abrahams leider eher der geistlichen Nachkommenschaft des Teufels glich – deshalb Schlangenbrut. Und diese Einstellung änderte sich auch durch diese Taufe nicht! Es brauchte eine 180Grad-Wendung – das Einsehen ihrer Schuld und die Sehnsucht nach Befreiung von ihr. Es war auch für diese Leute jetzt noch Zeit, umzukehren. Aber allzu lange durften sie nicht warten, denn:

»Schon ist die Axt erhoben, um die Bäume an der Wurzel abzuschlagen. Jeder Baum, der keine guten Früchte bringt, wird umgehauen und ins Feuer geworfen.« (Lk 3,9)

Die Wurzel der Bäume war bereits freigelegt und die Axt konnte jeden Moment zuschlagen. Israel wird im Alten Testament häufiger mit einem Weinberg oder einem Ölbaum verglichen. Das Bild war also allen klar: Das Gericht war nahe. Die Leute, die keine guten Früchte hervorbrachten, würden vernichtet werden. Was sind denn gute Früchte? Genau diese Taten, die Johannes zuvor erwähnte. Taten, die ausreichen würden, um Gott zu genügen, konnten sie nicht vollbringen, das kann kein Mensch. Aber ihre Einstellung konnten und mussten sie ändern. Dann würde Gott sie und ihre Taten verändern!

Am Ende der Zeit wird sich jeder Mensch vor dem Gericht Gottes seiner Verantwortung stellen müssen. Und heil da durchkommen können nur diejenigen, die sich ihrer Schuld bewusst sind und ganz auf Gottes Gnade gebaut haben!

Das Ende der Zeit ist ja noch nicht einmal heute da – warum drängte dann Johannes so zur Eile? Zum einen kam gleich der erwartete Messias und dann galt es, sich zu positionieren. Wenn Jesus in unser Leben tritt, ist der Zeitpunkt gekommen, uns für oder gegen ihn zu stellen. Zum anderen weiss keiner von uns, wann seine persönliche Zeit zu Ende geht. So gesehen stehen wir immer gleich vor dem Gericht, kurz vor der Zeit, da jede Entscheidung zu spät kommt. Deshalb ist Eile tatsächlich geboten: Schiebe die Entscheidung nicht vor Dir her!

2 – Wie kann man sich dann auf den Messias vorbereiten?

»Da wollten die Leute wissen: ›Was sollen wir denn tun?‹« (Lk 3,10)

Auch hier lässt Lukas es ganz offen, was für Leute diese Frage stellten. Es konnten durchaus auch solche darunter sein, die sich vorher angesprochen gefühlt hatten. Wir müssen bedenken, dass es im Alten Testament 613 Gebote und Verbote gibt, von denen die Pharisäer dachten, sie würden sie alle befolgen. Auch dem Volk war bewusst, dass die Pharisäer die gesetzestreusten Juden waren. Wenn Johannes nun – wie Matthäus uns berichtet – auch die Pharisäer miteinbezog, wenn er den Leuten vorwarf, sie würden keine guten Früchte bringen, sie sollten erst mal Taten zeigen und so weiter, dann stellte sich logischerweise die Frage: »Was sollen wir denn tun?« Die Gesetze des Alten Testaments befolgen, wie die Pharisäer es taten, konnte er ja anscheinend nicht meinen?! Die Taufe bewirkte offensichtlich auch nichts. Was dann?

»Johannes antwortete: ›Wer zwei Hemden hat, soll dem eins geben, der keins besitzt. Und wer etwas zu essen hat, soll seine Mahlzeit mit den Hungrigen teilen.‹« (Lk 3,11)

Sich auf den Messias, auf Jesus, vorzubereiten, ist nicht schwierig und nicht nur für Theologen und Gebildete verständlich. Es kann mit einem Satz gesagt werden, den wohl jeder verstehen kann: Es geht schlicht und einfach um Nächstenliebe. Die Pharisäer hatten versucht, sich an alle Gebote bis ins kleinste Detail zu halten, aber hatten darüber hinaus völlig vergessen, dass es bei den meisten Geboten um Menschen ging, um das Zusammenleben, um Schutz und Liebe. Diesen Fehler hielt Jesus ihnen später immer wieder vor.

Leider ist das ein sehr aktuelles Thema bei uns. Es gibt zwei Extreme unter Christen: Einerseits solche, die ganz genau darauf schauen, ja kein Gebot zu verletzen und nichts falsch zu machen, aber genau dadurch viele Menschen verletzen, die nicht so leben. Wie oft wird einem sogar von einem Mitchristen lieblos ein Fehler vorgehalten (was dann Ermahnung genannt wird) oder man wird sogar aus einer Gemeinschaft (Freundschaft, Familie ...) ausgeschlossen, weil man etwas anders sieht als der andere, weil man vielleicht selbst nicht Christ ist. Die Nächstenliebe steht in diesem Fall weit unter den Gesetzen. Dann gibt es aber auch das andere Extrem, dass die Liebe so im Zentrum steht, dass es gar keine Ermahnungen mehr gibt. Als Christen sind wir frei und jeder darf tun und lassen, was er will. Das meinte Johannes hier keineswegs – denn wenn wir keine Regeln mehr kennen, die man übertreten könnte, dann bräuchten wir auch keine Gnade.

Wie so oft ist auch hier die Mitte der beste Weg: Es gibt Gesetze, die Gott uns gegeben hat, weil sie gut für uns sind und Gottes Wille reflektieren. An denen sollen wir uns deshalb auch orientieren. Aber unsere innere Einstellung soll immer von Liebe geprägt sein. Es ist furchtbar, wenn sich Christen oder sogar ganze Gemeinden entzweien, nur weil die einen die Kindertaufe praktizieren und die anderen nur die Erwachsenentaufe anerkennen! Die Liebe sollte sie miteinander verbinden!

»Die Leute ahnten, dass bald etwas geschehen würde, und alle fragten sich, ob nicht Johannes der Christus, der ersehnte Retter sei.« (Lk 3,15)

Johannes muss eine unglaubliche Autorität gehabt haben. Seine Worte hatten Hand und Fuss, waren gleichzeitig neu und basierten doch auf den Heiligen Schriften. Eine Spannung, eine Veränderung lag förmlich in der Luft. So ist es nicht verwunderlich, dass die Leute sich fragten, ob nicht dieser Mann selbst der Messias sei. Auch wenn er behauptete, er wäre nur der Wegbereiter. Diese Annahme sprach sich sicher schnell herum ...

3 – In welchem Verhältnis steht Johannes selbst zum Messias?

Solche und ähnliche Gerüchte drangen schliesslich auch nach Jerusalem, zum Hohen Rat. Sofort sandten die Sadduzäer eine Delegation zu Johannes an den Jordan, um festzustellen, wer er war, ob er ihrer Position irgendwie gefährlich werden konnte. Falls er nämlich der Messias wäre, stünde der ganz klar über ihnen in der Hierarchie. Aber dies verneinte Johannes klar.

Eine zweite Annahme war die, dass Johannes der wiederauferstandene Elia sei. Denn beim Propheten Maleachi steht: *»Ihr werdet sehen: Noch bevor der grosse und schreckliche Tag kommt, an dem ich Gericht halte, schicke ich den Propheten Elia zu euch. Er wird Eltern und Kinder wieder miteinander versöhnen, damit ich euch und euer Land nicht völlig vernichten muss, wenn ich komme.«* (Maleachi 3,23-24) Die Juden glaubten also daran, dass vor dem Messias, quasi als Wegbereiter, der wiederauferstandene Elia erscheinen würde. Und genau das war Johannes gemäss Jesu eigener Aussage! Da Johannes seinen Auftrag jedoch zu dem Zeitpunkt nicht vollendet hatte, wagte er es noch nicht, sich als zweiten Elia zu bezeichnen – deshalb verneinte er auch dies, aus Demut.

Eine dritte Möglichkeit war, dass er der zweite Mose wäre. Denn Mose hatte geschrieben: *»Er* [der Herr] *wird euch einen Propheten wie mich senden, einen Mann aus eurem Volk. Auf den sollt ihr hören! Ihm werde ich meine Worte eingeben, und er wird sie den Israeliten mitteilen. Wer nicht auf das hört, was er in meinem Namen sagt, den werde ich dafür zur Rechenschaft ziehen.«* (5. Mose 18,15.19) Dieser ›zweite Mose‹ war nach jüdischem Glauben entweder der Vorläufer des Messias oder sogar der Messias selbst. Eindeutig wird es ja nicht gesagt. So oder so wäre Johannes in dem Fall ebenfalls ein Konkurrent der Sadduzäer. Aber auch das verneint er.

»Und es waren auch Abgesandte der Pharisäer da[1]*. Sie fragten Johannes nun: ›Wenn du nicht der Christus, nicht Elia und auch nicht der von Mose angekündigte Prophet bist, mit welchem Recht taufst du dann?‹«* (Joh 1,24-25)

Auch Pharisäer waren dabei – ob es eine eigene Delegation war oder sie zusammen mit den Sadduzäern vom Hohen Rat geschickt wurden, ist unklar. Auf jeden Fall hatten sie mitbekommen, dass Johannes weder der Messias, noch der zweite Elia, noch der zweite Mose sein wollte. Da ihre Partei dafür verantwortlich war, Irrlehrer und Verführer des Volkes aufzudecken und sie aus dem Verkehr zu ziehen, waren sie natürlich daran interessiert, genau zu prüfen, was Johannes da mit welcher Autorität tat.

Sie gingen interessanterweise davon aus, dass sowohl der Messias, als auch Elia und Mose, wenn sie wiederkommen, taufen würden oder zumindest dürften. Schliesslich reinigten auch die Hohepriester zu besonderen Anlässen das Volk – warum dann so wichtige Propheten nicht?! Aber da Johannes ja eben keiner dieser wichtigen Persönlichkeiten sein wollte – wer hatte ihm dann das Recht dazu gegeben, andere Menschen zu taufen und dadurch zu reinigen? Die Pharisäer auf jeden Fall nicht!

Die Pharisäer sind uns diesbezüglich ein Vorbild: Sie akzeptierten nicht einfach alle, die grossen Einfluss auf die Menschenmassen haben. Sie prüften gerade diese am strengsten. Auch wir sollten Evangelisten, Pfarrer und Bücher, die herausgegeben werden, theologisch prüfen und nicht einfach blind übernehmen, was uns aufgetischt wird. Das gilt auch für dieses Buch, in dem Du gerade liest. Es ist nicht die Bibel, deshalb solltest Du es anhand dieser prüfen!

»Darauf erwiderte Johannes: ›Ich taufe mit Wasser. Aber mitten unter euch lebt schon der, auf den wir warten. Ihr kennt ihn

---

[1] Hoffnung für Alle hat: »Unter den Abgesandten waren auch Pharisäer.« Aber da es nicht eindeutig ist, dass sie zur selben Delegation gehörten, bleibe ich bei der wörtlichen Übersetzung.

nur noch nicht. Er kommt nach mir – und ich bin nicht einmal würdig, ihm die Schuhe auszuziehen.‹« (Joh 1,26-27)

Noch einmal wiederholte Johannes, was er schon vorher versucht hatte, klarzumachen: Seine Taufe war nichts Magisches. Es ging keine heilende Kraft davon aus. Es war bloss das Wasser des Jordan, in das die Menschen eingetaucht wurden. Seine Taufe veränderte die Menschen nicht. Es war weder eine Taufe auf den Namen Jesu, noch hatte sie die Getauften zu Kindern Gottes gemacht, zu Gemeindegliedern oder ähnlichem. Sie war wie Johannes selbst nur ein Wegweiser auf etwas viel Grösseres.

Ganz anders nämlich würde es bei dem aussehen, der nach ihm kommen würde. Diese Formulierung »einer kommt nach mir« war typisch für den Rabbinerschüler, der nach dem Rabbi kam – sowohl zeitlich als auch hierarchisch. Der Schüler war nie höher als der Lehrer. Aber Johannes sprach von etwas Einmaligem: Es würde genau umgekehrt sein. Das Ausziehen und Hinterhertragen der Schuhe war eine Sklavenarbeit. Aber Johannes war nicht einmal würdig genug, der Sklave von dem zu sein, der kommen würde! Er sprach immer wieder davon, dass er sich als Wegbereiter des Messias sehe, also wussten alle, wen er damit meinte.

In diesem Messias vereinigte sich alles, was bisher noch als offene Frage vor uns lag: Wer reinigt uns? Wie kann die Reinigung geschehen? Wer bewirkt diese gute Frucht, von der Johannes gesprochen hat?

Der sündlose Gottessohn wehrte sich später nicht gegen den Weg ans Kreuz und erlitt einen schrecklichen Tod, den die Menschen durch ihre Schuld eigentlich verdient hätten. Er wurde dadurch der Stellvertreter für die Menschen, die dieses Geschenk annehmen wollen. Das können jedoch nur Menschen, die auf den Messias insofern vorbereitet sind, dass sie ihre Sündhaftigkeit eingesehen haben und sich nach Erlösung davon sehnen. Die wissen, dass sie diese Reinigung brauchen, dass sie ganz von Gottes Gnade abhängig sind. Indem Jesus nach drei Tagen wieder auferstand, zeigte Gott, dass er seinen stellvertretenden Tod annahm. So werden auch diese Menschen ein neues Leben erhalten. Dieser Messias tauft nämlich nicht mit Wasser, sondern mit Geist, wie Matthäus es schreibt. Er schenkt wahre Umkehr und ein neues Leben, das Frucht für Gott bringt.

Die Voraussetzung dafür, das Geschenk überhaupt annehmen zu können, ist die Sehnsucht nach Befreiung. Und genau diese Sehnsucht wachzurufen, war die Aufgabe von Johannes.

Wo stehst Du? Leidest Du daran, immer wieder Fehler zu machen und Schuld auf Dich zu laden? Sehnst Du Dich danach, davon befreit zu werden? Von diesem Druck, Gott nicht genügen zu können? Hast Du vielleicht das Geschenk, das Jesus Dir anbietet, schon annehmen dürfen? Wenn ja – hat Dein Glaube bereits Frucht getragen, indem er die Nächstenliebe in Dir geweckt hat?

Jesus beginnt zu wirken

Jesus erhält seinen Auftrag

Prof. Dreyfuss, Spezialist für Herzchirurgie, hat eine schwierige Operation vor sich. Kurz vorher bespricht er sich mit anderen Leuten seines Fachs, um ja nichts ausser Acht zu lassen. Bei dieser Besprechung sind neben ihm noch vier Männer anwesend: alles Studenten im ersten Semester des Medizinstudiums.

Seltsame Geschichte? Auf jeden Fall! Man bittet doch nicht jemanden, der weniger weiss, hierarchisch unter einem steht und weniger Erfahrung hat, um Hilfe!

Aber genau das geschah Johannes dem Täufer ...

1 – Jesus lässt sich von Johannes taufen

»In jener Zeit kam Jesus aus Nazareth, das in der Provinz Galiläa liegt, an den Jordan und liess sich dort von Johannes taufen.« (Mk 1,9)

Mit jener Zeit ist 28 n.Chr. gemeint, da Johannes der Täufer am Jordan auftrat, den Menschen predigte und sie taufte. Wie Johannes war Jesus damals etwa 35 Jahre alt. Er hat bis dahin in Nazareth, einem kleinen Ort in Galiläa, ein ganz normales Leben geführt. Er genoss neben der gewöhnlichen Schulung jedes jüdischen Jungen keine besondere theologische Ausbildung und trat auch nicht einer der jüdischen Parteien bei. Er war einfach Zimmermann oder Baumeister, der das Geschäft seines Vaters nach dessen Tod übernommen hatte. Er verhielt sich diesbezüglich wie ein ganz normaler Mann aus dem Volk. Er brach kein jüdisches Gesetz und sein Glaube war ihm sehr wichtig – aber er musste dies nicht zeigen, indem er Pharisäer geworden wäre und bei einem Rabbi studiert hätte. Man merkte ihm seine Liebe zu Gott vielleicht dadurch an, dass er mit über 30 noch nicht verheiratet war. Normalerweise heiratete ein Mann nämlich zwischen 18 und 20 Jahren – ja, es war fast eine Pflicht, eine Familie zu gründen und Nachkommen zu zeugen. Ausgenommen davon waren im Prinzip nur die Nasiräer; das waren solche, die sich Gott weihten – für eine bestimmte Zeit oder auch für das ganze Leben. Sie tranken keinen Alkohol, schnitten sich die Haare nicht und durften sich keinem Toten nähern. Es bedeutete eine Zeit der völligen Hingabe an Gott, ohne dass man sich aus dem alltäglichen Leben ganz zurückzog. Da wir wissen, dass Jesus Wein trank und sich auch Toten näherte, hat er sich selbst bestimmt nicht als Nasiräer betrachtet. Aber seine Ehelosigkeit war zweifellos bewusst gewählt – vielleicht aus genau diesem Grund: Sich völlig Gott hingeben und ihm zur Verfügung stehen zu können.

Dass Jesus besonders war, konnte man auch dadurch feststellen, dass er niemals einen Fehler machte. Er galt sicherlich als treuer, zuverlässiger Nachbar, Baumeister und Freund. Jesus selbst wusste natürlich von den Verheissungen, die ihm seine Eltern mitgeteilt hatten. Er wusste, dass Gott mit ihm Besonderes vorhatte. Theoretisch wusste er auch bereits, dass er der versprochene Messias sein sollte – aber nur, weil jemand einem das sagte und man selbst ein Gefühl hat, dass es stimmen könnte, hat man noch lange nicht die Sicherheit, es zu sein! Auf jeden Fall wartete Jesus sein Leben lang treu darauf, dass Gott ihn irgendwie rufen würde. Als er nun hörte, dass Johannes, der gemäss der Verheissung, die dessen Mutter erhalten hatte, der Wegbereiter des Messias sein sollte, seinen Dienst angetreten hatte, wusste er, dass jetzt seine Zeit gekommen war.

Zusammen mit vielen anderen Menschen wanderte Jesus also an diese Jordanfurt, wo Johannes taufte. Der Evangelist Markus, der das kürzeste Evangelium schrieb, fasste sich oft sehr kurz und berichtete nur das Nötigste. So schrieb er auch hier nur, dass Jesus sich von Johannes taufen liess. So einfach ging das jedoch nicht, wie uns die anderen Evangelisten wissen lassen:

Johannes erkannte Jesus sofort als Messias. Wie und warum genau erfahren wir nicht. Aber da sie verwandt waren und seine Mutter die Verheissung kannte, dass der Messias der Sohn der Maria war, verwundert es uns nicht. Vielleicht hatten sich die beiden sogar schon gesehen. Die Hintergründe sind auch gar nicht so wichtig. Johannes hatte sein Leben lang auf diesen Moment gewartet, denn sobald der Messias auftreten würde, wäre sein Auftrag als Wegbereiter erfolgreich abgeschlossen. Niemals aber hätte er damit gerechnet, dass er den Messias taufen müsste! Die Taufe sollte ja schliesslich symbolisieren, dass man von aller Schuld gereinigt würde. Aber der Messias trug doch keine Schuld mit sich! Er musste doch nicht gereinigt werden - und ganz sicher nicht von ihm, einem einfachen Menschen! Die Bitte Jesu, ihn zu taufen, musste für ihn in etwa so rüberkommen, wie die Bitte von Prof. Dreyfuss an die Studenten, ihm zu helfen. Völlig daneben!

So versuchte Johannes, Jesus von dieser abwägigen Idee abzubringen. Und Jesus gab ihm recht: Ja, eigentlich stimmte das. Er brauchte tatsächlich keine Vergebung für irgendwelche Schuld. Und nein, er konnte es ihm auch nicht erklären, weshalb er trotzdem getauft werden musste - aber es war Gottes Wille.

Das ist wahrer Gehorsam! Wenn wir selbst davon überzeugt sind, dass das, was jemand von uns möchte, gut ist, etwas bringt, dann tun wir es natürlich gerne. Daran misst sich Gehorsam nicht. Gehorsam ist es dann, wenn etwas gegen unseren eigenen Willen geht oder uns völlig sinnlos erscheint, und wir es trotzdem machen - nur, weil jemand es uns gesagt hat. Das braucht dann ein enormes Mass an Vertrauen, dass es entgegen unserem Verstand trotzdem richtig ist und Gutes daraus entsteht. Jesus hatte dieses Vertrauen zu Gott und bestand darauf, von Johannes getauft zu werden.

Und Johannes vertraute Jesus und tat es. Damit setzte Jesus sich den Menschen gleich - auch für ihn begann nun eine neue Zeit.

2 – Jesus erhält die nötige Ausrüstung

»Als Jesus nach der Taufe aus dem Wasser stieg, sah er, wie der Himmel aufriss und der Geist Gottes wie eine Taube auf ihn herabkam.« (Mk 1,10)

Die Taufe selbst war genauso wie die Taufe der anderen Menschen: Er wurde von Johannes am Jordanufer ins Wasser getaucht. Dabei betete Johannes und wohl auch der Täufling (Lk 3,21) – da es um die Umkehr zu Gott ging, war es wohl ein Gebet um Hilfe, so leben zu können, wie es Gottes Willen entspricht. Und in diesem Moment öffnete sich der Himmel und wie als Antwort auf das Gebet kam der Heilige Geist auf Jesus herab. Johannes stand dabei und konnte es selbst sehen! Die Taube war ein Bild der Reinheit, der Sanftheit und Arglosigkeit. Und weil bei der Schöpfungsgeschichte der Geist Gottes über dem Wasser schwebte, was an einen Vogel erinnert, wird die Taube als Symbol des Heiligen Geistes verwendet. Der Heilige Geist hat keine Gestalt, die man so sehen könnte – deshalb sah Johannes ihn in der Form einer Taube.

Jesus wurde hier also mit dem Heiligen Geist ausgerüstet. Er ist die direkte Verbindung zu Gott. Ohne den Heiligen Geist, die Kraft, die man durch ihn erhält, kann man keinen Auftrag Gottes ausführen. Die grosse Frage, die sich uns hier stellt, ist sicher: Warum brauchte Jesus, der ja selbst Gottes Sohn und dadurch hundertprozentig Gott (und hundertprozentig Mensch) ist, noch den Heiligen Geist? Er konnte ja bis dahin auch schon sündlos leben, also Gottes Willen erfüllen?!

Wir können das nicht bis ins Letzte verstehen. Und was würde es uns praktisch auch nützen? Für uns wichtig ist doch dies: Wenn sogar Jesus den Heiligen Geist brauchte, um seinen persönlichen Auftrag richtig auszuführen, wie sehr sind wir Menschen dann auf den Heiligen Geist angewiesen! Ohne diesen sind wir nicht mal im Stande, das einfachste Gebot vollständig zu halten. Wir können die einfachste geistliche Logik nicht begreifen. Wir haben keinerlei Verbindung zu Gott.

Wenn wir schon Christen sind, mit Gott versöhnt, und meinen, den Heiligen Geist noch nicht erhalten zu haben, dann dürfen wir uns auf die biblischen Verheissungen abstützen, dass Gott seinen Geist all denen gibt, die durch Jesus mit ihm versöhnt und seine Kinder sind. Ohne Gottes Geist könnten wir Gottes Auftrag nicht erfüllen. Und Gott rüstet uns für seinen Auftrag entsprechend aus. Auch Jesus hatte bis dahin nur wie alle anderen Juden auch den Auftrag erhalten, die Gebote zu befolgen. Das änderte sich nun, da er die nötige Ausrüstung erhalten hatte.

3 – Jesus bekommt seinen Auftrag

»Gleichzeitig sprach eine Stimme vom Himmel: ›Du bist mein geliebter Sohn, über den ich mich von Herzen freue.‹« (Mk 1,11)

Wenn Du nun denkst, das sei doch ein wahnsinnig tröstlicher Satz, eine Liebeserklärung von Gott und kein Auftrag, dann geht es Dir wie mir. Auf den ersten Blick und wenn man nicht so bewandert ist im Alten Testament, wie Jesus es als gläubiger Jude war, dann sieht man darin keinen Auftrag.

Auch für Jesus war es natürlich in erster Linie eine wunderschöne Bestätigung durch Gott, dass seine Eltern die Verheissung richtig verstanden hatten und er tatsächlich Gottes Sohn war! Zum ersten Mal hörte er es persönlich. Das musste für ihn ein gewaltiger Unterschied sein! Er erfuhr auch, dass sein himmlischer Vater ihn von Herzen liebte und dass er sich über ihn freute. Er hatte also bis jetzt alles richtig gemacht, Gott kein einziges Mal enttäuscht oder gar verletzt. Die Beziehung zu ihm war intakt und von Liebe geprägt.

Aber ...

Gleichzeitig mussten Jesus auch verschiedene Stellen der Heiligen Schrift durch den Kopf gehen, an die sich die gehörten Worte anlehnten. So zum Beispiel diese: *»Geh mit deinem einzigen Sohn Isaak, den du so sehr liebst, in die Gegend von Morija. Dort zeige ich dir einen Berg. Auf ihm sollst du deinen Sohn Isaak töten und als Opfer für mich verbrennen!«* (1. Mose 22,2) Diese Worte hatte Gott zu Abraham gesagt, der nach jahrzehntelanger Wartezeit endlich einen Sohn bekommen hatte. Nun sollte er ihn opfern, um damit zu zeigen, dass er wirklich gehorsam war und Gott völlig vertraute und über alles andere stellte – auch über seinen Sohn. Abraham bestand die Prüfung und Gott erliess ihm dieses schwere Opfer. Natürlich fragte sich Jesus nun, ob er als der geliebte Sohn denn ebenfalls geopfert werden sollte. Und zwar vom Vater gebilligt.

Eine andere Stelle, die ihm sicher unweigerlich in Erinnerung gerufen wurde, ist Jesaja 42, wo vom Gottesknecht die Rede ist: *»Seht, hier ist mein Diener, zu dem ich stehe. Ihn habe ich auserwählt, und ich freue mich über ihn. Ich habe ihm mei-*

nen Geist gegeben, und er wird den Völkern mein Recht verkünden.« (Jesaja 42,1) Vom selben Diener wird einige Kapitel später gesagt: *»Er wurde verhaftet, zum Tode verurteilt und grausam hingerichtet.«* (53,8a) Und: *»Er wurde für uns bestraft – und wir? Wir haben nun Frieden mit Gott!* (...) *Der Herr aber lud all unsere Schuld auf sich.«* (53,5b.6b) Mit anderen Worten: Ja, er sollte wie der geliebte Sohn von Abraham geopfert werden. Und zwar, damit die Beziehung zwischen Mensch und Gott, die seit dem Sündenfall nicht mehr vorhanden war, wieder hergestellt werden könne. Um so die Menschen von ihrer Schuld zu reinigen – und zwar die, die das möchten. Die, die den Willen dazu damals durch die Taufe bei Johannes schon gezeigt hatten. Die, die eine Sehnsucht nach dieser gereinigten Liebesbeziehung mit Gott verspürten.

Jesu Auftrag war alles andere als schön. Und auch er musste das zuerst verarbeiten. Auch wenn er nun mit dem Heiligen Geist ausgerüstet war, war er noch nicht bereit, sofort zu sterben. Er musste in seine Aufgabe noch hineinwachsen, viel Ermutigung, Kraft und Liebe für die Menschen, die er retten sollte, bekommen. Zudem wusste er, dass er die Zeit dazu nutzen sollte, die Menschen darauf vorzubereiten. Sie hätten in dem Moment noch gar nichts mit seinem Tod am Kreuz anfangen können. Niemand hätte es deuten können, wenn er es ihnen nicht mehr erklären konnte.

Er hatte also nun die nötige Ausrüstung und den Auftrag von Gott und war bereit, seinen Dienst anzutreten.

Die ersten Nachfolger

Wir waren alle mal Kinder und viele sind auch Eltern und kennen wohl die Situation: Die Kinder werden grösser, selbständiger, und irgendwann kommt der Zeitpunkt, da sie ausziehen und ein eigenes Leben führen, eine eigene Familie gründen wollen. Je nachdem, wie die Eltern ihre Aufgabe wahrnehmen, ist das nicht immer ganz einfach: Eigentlich wäre es ja die Aufgabe von Eltern, ihren Kindern alles Nötige, was sie zum Leben brauchen, beizubringen, und sie dann loszulassen. Aber selbst, wenn die Eltern das genau so sehen, ist es nicht einfach, dies praktisch auch zu tun. Können sie dies nicht, haben sie letztlich ihre Aufgabe nicht gut erfüllt.

In einer ähnlichen Situation stand auch Johannes der Täufer. Er hatte selbst Schüler, sogenannte Jünger, denen er alles beibrachte, was sie wissen mussten. Sie begleiteten ihn bei seinem Dienst und tauften mit der Zeit ebenfalls, um ihn zu unterstützen. Das wertvollste Wissen, das Johannes ihnen weiterzugeben hatte, war aber das über den kommenden Messias. Über diesen klärte er sie genauestens auf, sodass auch sie ihn brennend erwarteten. Wenn sie ihn dann endlich trafen: Schaffte Johannes es, sie gehen zu lassen, sich selbst zurückzuziehen? Oder würde er sie eifersüchtig festhalten?

1 – Johannes muss loslassen und dadurch seinen Auftrag erfüllen

»Johannes der Täufer und zwei seiner Jünger waren am nächsten Tag wieder an dieser Stelle, als Jesus vorüberging. Da schaute Johannes ihn an und sagte: ›Seht, dies ist Gottes Opferlamm!‹« (Joh 1,35-36)

Es war also ein Tag seit der Taufe Jesu vergangen. Johannes war mit seinen Jüngern wie immer an dieser Furt am Jordan, um zu predigen und Menschen zu taufen. Neu war aber bei seiner Predigt, dass er den Menschen nun einen Namen sagen konnte: Jesus war dieser Messias. Und dieser Jesus war nach seiner Taufe nicht gleich wieder verschwunden, sondern in der Gegend geblieben. Was genau er dort machte, wissen wir nicht. Er wartete wohl einfach ab, denn genau dorthin kamen ja die Menschen, die sich für ihn interessierten – zu Johannes.

Für Johannes stellte sich nun die Frage, wie er sich verhalten sollte. Wenn er seine Aufgabe, zu predigen und zu taufen, gerne tat, und vielleicht sogar seine Macht und seine Berühmtheit genoss, dann dürfte es ihm ziemlich schwer gefallen sein, dies alles aufzugeben. Aber so lautete sein Auftrag: Der Wegbereiter für den Messias zu sein, die Menschen auf ihn aufmerksam zu machen, sie zu ihm zu führen. Nicht, die Menschen um sich zu sammeln und ihr grosser Leiter zu sein.

Viele Christen halten ganz stark an Luther oder Calvin fest – es ist ihnen wichtig, Lutheraner oder Calvinisten zu sein. Und ja, diese beiden Männer haben beide Grossartiges vollbracht – auf theologischem Gebiet, aber auch ganz praktisch für die Menschen. Und doch: Luthers Aufgabe war es, die Bibel zu übersetzen, damit mehr Menschen auf Jesus aufmerksam werden und ihn kennenlernen konnten. Niemals wollte Luther im Zentrum der Menschen stehen. Genauso Calvin. Es ist in Ordnung, wenn wir die Theologie von Calvin derjenigen Luthers vorziehen oder umgekehrt; es ist in Ordnung, wenn wir die Taten dieser beiden Theologen – oder auch anderer natürlich – bewundern. Aber niemals sollten sie Jesus aus dem Zentrum drängen.

Johannes führte seine Aufgabe mit Herzblut aus und tat es sicher auch gerne. Und trotzdem machte er den Schritt und liess schliesslich los: »Seht, dies ist Gottes Opferlamm!«

Die Zuhörer als Juden wussten genau, was er damit meinte. Wir müssen da etwas mehr Hintergrundinformationen haben: Als Israel in der Sklaverei in Ägypten gefangen war, hat Gott sie wunderbar befreit. Die zehn Plagen Ägyptens sind auch in der nichtchristlichen Welt bekannt geworden. Die letzte Plage beinhaltete, dass alle männlichen Erstgeborenen aus jeder Familie getötet werden sollten – und zwar, weil sie schuldig waren. Sie standen stellvertretend für die ganze Familie, denn alle waren schuldig an Gott geworden, weil sie Israel nicht ziehen liessen. Interessant ist, dass auch die Juden selbst davon nicht verschont worden wären. Auch sie sind vor Gott schuldig geworden – denn niemand ist ohne Sünde. Ihnen gab Gott jedoch eine Chance, wie die Erstgeborenen verschont bleiben konnten: Jede Familie musste ein Lamm opfern, sein Blut an die Türrahmen streichen und dann das Fleisch essen. Das Blut des Lammes zeigte, dass in diesem Haus schon ein Lamm an Stelle des ältesten Sohnes gestorben war. So verschonte Gott ihn. Auch die ägyptischen Familien wären verschont geblieben, wenn sie sich darin den Juden angeschlossen, sich an diese Anweisungen gehalten und sich so unter Gottes Schutz gestellt hätten! Die Juden feiern dieses sogenannte Passahfest jedes Jahr von neuem. Denn das Lamm ist nur ein Symbol. Es ist weniger wert als der Mensch und ausserdem gehört auch das Lamm zur sündigen Welt. Es kann nicht tatsächlich an Stelle eines Menschen sterben und dessen Schuld tragen. Das kann nur ein Mensch (der eben gleich viel Wert ist), der aber selbst keine Schuld trägt – sonst hätte er ja selbst verdient zu sterben und könnte es nicht stellvertretend tun. Mensch und gleichzeitig ohne Schuld wie Gott – genau das ist der Messias, Jesus. Es war also damals schon logisch, dass dieser Messias sterben musste: als Opferlamm.

Wenn Johannes seinen Jüngern also sagte: »Seht, dies ist Gottes Opferlamm!«, dann war für sie klar, dass Jesus der versprochene Retter war. Und was taten sie?

»Als die beiden Jünger das hörten, folgten sie Jesus.« (Joh 1,37)

Sie verliessen Johannes und gingen zu Jesus. Sie wechselten ihren Lehrer.

Damit hatte Johannes seine Aufgabe genau so erfüllt, wie Gott es von ihm wollte. Er führte Menschen zu Jesus. Und genau das ist auch unsere Aufgabe: Menschen zu Jesus zu führen, nicht eigene Jünger um uns zu sammeln. Am Anfang kann es richtig sein, jemanden unter seine Fittiche zu nehmen und als Mentor für ihn da zu sein. Aber immer mit dem Ziel, dass er selbständig wird und seinen Glauben in direkter Verbindung mit Jesus leben kann, und den Mentor nicht mehr braucht. Wir dürfen auch weiterhin für ihn da sein – wie ja auch Eltern selbstverständlich noch für ihre Kinder da sein dürfen und sollen, wenn sie schon erwachsen sind. Aber das Loslassen ist etwas ganz Wichtiges, das uns manchmal extrem schwer fällt. Denn es ist – wenn wir ehrlich sind – einfach ein schönes Gefühl, wenn andere uns brauchen und von uns abhängig sind ...

Johannes hatte dieses Gefühl überwunden und es dem, was richtig ist, untergeordnet.

2 – Die Jünger lassen auch los und wechseln den Lehrer

Die beiden Männer gingen also nun auf Jesus zu, oder besser gesagt, sie gingen ihm nach, weil er ja bereits vorübergegangen war.

»Jesus drehte sich zu ihnen um, sah sie kommen und fragte: ›Was sucht ihr?‹ Sie antworteten: ›Rabbi, wo wohnst du?‹«
(Joh 1,38)

Immer wieder erfahren wir, dass Jesus durch den Heiligen Geist ziemlich gut über die Menschen Bescheid wusste, obwohl er sie eigentlich nicht persönlich kannte. Er war zwar nicht allwissend wie sein himmlischer Vater, aber Gott schenkte ihm über den Heiligen Geist immer, wenn es nötig war, das Wissen, das er gerade brauchte. Er hätte also nicht fragen müssen, was sie wollen. Je besser wir Jesus kennenlernen, desto häufiger werden wir es jedoch antreffen, dass er den Menschen genau diese Frage stellt: »Was willst du, dass ich tue?« »Was denkst du, wer ich bin?« Denn so verstehen Menschen oft selbst erst, was denn ihre Beweggründe für eine Handlung oder einen Gedanken sind.

Auch für uns ist das eine gute Methode, mit anderen Menschen umzugehen: Ob man selbst Seelsorger ist oder einfach guter Freund, spielt keine Rolle. Zuerst immer nachfragen, nie einfach etwas voraussetzen. So kann einerseits der andere sich noch einmal ganz klar werden, wie es aussieht, andererseits haben wir dann Fakten vor uns und nicht Annahmen,

Gerüchte, Missverständnisse. Für uns, die wir nicht in andere Menschen hineinsehen können wie Jesus, ist dies umso wichtiger!

Interessant ist, dass die beiden Männer nicht sagten, was sie suchten, sondern eigentlich, wen! Sie suchten keine Sache wie Glück, Reichtum, Macht, Weisheit, sondern eine Person: Jesus. Sie wollten den Lehrer wechseln und nun seine Jünger werden. Deshalb sprachen sie ihn auch mit »Rabbi« an, was auf Deutsch nichts anderes als »Lehrer« bedeutet. Die Rabbiner lehrten ihre Schüler in der Regel bei sich zu Hause, nicht in einer speziellen Schule. Die Schüler lebten quasi mit dem Rabbi zusammen und lernten so am meisten. Deshalb fragten die Männer Jesus, wo er denn wohne. Heute hätten sie wohl gefragt: »Nimmst Du uns als deine Schüler an?« Wo Jesus wohnte, ob bei Freunden als Gast, in einer selbstgebauten Laubhütte oder einer Höhle, wissen wir nicht – das ist völlig unerheblich. Wichtig war nur die Reaktion von Jesus: Nahm er sie an?

»›Kommt mit, dann werdet ihr es sehen!‹, sagte Jesus. Also gingen sie mit Jesus dorthin, wo er wohnte. Es war ungefähr vier Uhr nachmittags, und sie blieben bei ihm bis zum Abend.«
(Joh 1,39)

Er traf in dem Moment noch keine definitive Entscheidung, ob er ihr Lehrer sein wollte oder nicht. Aber er lud sie ein, sich selbst ein Bild von ihm zu machen. Hier wird ganz deutlich, dass Jesus sich niemandem aufdrängt oder gar jemanden zwingt, ihm zu folgen, an ihn zu glauben. Er verführt auch niemanden dazu, indem er die Nachfolge besser oder schöner darstellt, als sie es ist. Er ist offen und ehrlich und lädt die interessierten Menschen ein, ihn kennenzulernen, bevor sie sich entscheiden, ob sie ihn als Messias annehmen und ihm folgen oder ihn ablehnen wollen.

Niemand sollte von jetzt auf gleich entscheiden müssen, ob er Christ werden will oder nicht. Man darf Jesus in Ruhe kennenlernen und auch kritische Fragen stellen. Man darf auch mehrmals einen Gottesdienst besuchen – sogar in verschiedenen Gemeinden. Oder einen Hauskreis, der dazu bereit ist, einfach Interessierte willkommen zu heissen. Genau das ist oft das Problem an Grossevangelisationen, wo nach einer Stunde Erklärung dazu aufgerufen wird, hier und jetzt sein Leben Jesus zu übergeben. Meistens ist die Entscheidung von Gefühlen beeinflusst – die Menschenmenge, Musik, gute Redner tragen dazu bei. Die Gefahr besteht, dass die Entscheidung für Jesus zusammen mit dem Gefühl nach kurzer Zeit wieder in den Hintergrund rückt und völlig verschwindet. Lieber sollten wir unsere Freunde ganz zwanglos dazu einladen, Jesus langsam kennenzulernen. So dass sie wissen, sie können jederzeit auch wieder damit aufhören, den Gottesdienst zu besuchen, ohne dass unsere Freundschaft dadurch kaputtgehen würde. So hat es auf jeden Fall Jesus gemacht!

Da der Tag damals um 18 Uhr endete, blieben die Männer wohl nur zwei Stunden bei Jesus. Aber zwei Stunden reden, diskutieren und Fragen stellen hat offensichtlich ausgereicht, um sich ein erstes Bild von ihm zu machen:

»Einer der beiden, die Jesus auf das Wort von Johannes hin gefolgt waren, hiess Andreas. Er war der Bruder von Simon Petrus. Wenig später traf er seinen Bruder Simon und erzählte ihm: ›Wir haben den Messias gefunden, den von Gott versprochenen Retter!‹« (Joh 1,40-41)

Erst jetzt erfahren wir, wer diese beiden Männer überhaupt waren. Der eine wird namentlich genannt, es war Andreas, der Bruder des heute so berühmten Petrus. Der andere bleibt namenlos. Da er einer der ersten Jünger Jesu war, muss man ihn kennen. Und dass er trotzdem nicht namentlich erwähnt wird, kann nur bedeuten, dass es sich hier um Johannes handelte, der dieses Evangelium schrieb. Er nannte sich selbst an wichtigen Stellen niemals beim Namen, dafür war er zu demütig. Die ersten beiden Jünger Jesu waren also Andreas und Johannes.

Anscheinend war auch Simon am Jordan, wo er sich wohl hatte taufen lassen. Ob er ebenfalls ein Jünger von Johannes dem Täufer gewesen war, wissen wir nicht. Auf jeden Fall wartete er wie Andreas sehnsüchtig auf den Messias, der kommen sollte. Und genau den meinte Andreas getroffen zu haben. Wie konnte er nach nur zwei Stunden mit Jesus so sicher sein? Jesus strahlte eine unglaubliche Autorität aus, bewies eine Weisheit in der Schriftauslegung, der Andreas noch nie begegnet war, hatte auch sonst eine ganz besondere Ausstrahlung. Das, kombiniert mit der Erklärung des Täufers, dass er der Messias sei, war für ihn klar genug. Ausserdem erzählte Johannes seinen Jüngern davon, wie er gesehen hatte, dass nach der Taufe eine Taube auf Jesus herabgekommen war. Alles passte also zusammen: Jesus war der Messias. Allerdings war diese Erkenntnis ein erster Eindruck, nicht eine innere Gewissheit. So wie wenn man verliebt ist. Erst nach längerer Zeit kann man mit einer inneren Gewissheit sagen, dass man mit diesem Menschen ein Leben lang zusammen sein will, weil es Liebe ist. Andreas war also noch im Stadium des Verliebt Seins. Völlig überzeugt, aber die innere Gewissheit musste durch die Zeit noch wachsen.

Weil er völlig überzeugt war, konnte er diese Erkenntnis auch nicht für sich behalten. So ist es bis heute. Wenn wir davon überzeugt sind, dass Jesus uns von unserer Schuld befreien und uns vor dem Gericht Gottes retten kann, dann werden wir nicht schweigen, sondern es möglichst vielen erzählen – vor allem denen, die uns wichtig sind! Christen, die ihren Glauben ganz für sich leben und ihn als ihre Privatangelegenheit betrachten, niemandem davon erzählen, die haben noch nicht verstanden, was Jesus wirklich getan hat!

Übrigens steht im griechischen Urtext, dass er »zuerst« seinen Bruder antraf. Dies lässt vermuten, dass auch Johannes seinen Bruder Jakobus aufsuchte, wenn auch etwas später. Denn auch dieser wurde ein Jünger von Jesus, wie wir noch erfahren werden.

3 – Das erste Kennenlernen

»Dann nahm Andreas seinen Bruder mit zu Jesus. Der sah ihn an und sagte: ›Du bist Simon, der Sohn von Johannes. Du wirst Petrus genannt werden!‹«[2] (Joh 1,42)

Und Simon ging sofort mit zu Jesus, um ihn persönlich kennenzulernen.

Als Simon zu Jesus kam, wusste dieser gleich über ihn Bescheid – nicht nur, dass er ein Bruder des Andreas war, dass sein Vater Johannes (oder kurz: Jona) hiess, sondern auch über seine Zukunft. Er hatte wohl nicht alles vor sich gesehen, aber etwas ganz Wichtiges: Dieser Simon würde einmal ein starker Mann sein, an den sich viele andere Menschen anlehnen könnten; er würde wie ein Fels sein, unerschütterlich und fest verankert. Deshalb sagte er ihm, dass er den Beinamen »Kephas« bekomme, was Aramäisch, Jesu Muttersprache, ist und »Fels« bedeutet. Der Evangelist Johannes übersetzte dies für seine griechisch sprechenden Leser gleich noch: »Petrus« würde er genannt werden. Bis er so unerschütterlich wie ein Fels im Glauben stand, dauerte es allerdings noch einige Zeit – er war ja jetzt erst dabei, Jesus kennenzulernen!

Wenn von der ›Berufung‹ des Petrus und des Andreas die Rede ist, dann hat man für gewöhnlich die Situation im Kopf, die uns von den anderen drei Evangelisten überliefert worden ist: Petrus und Andreas waren auf dem See Genezareth gerade am Fischen, als Jesus dazustiess, ihnen einen gewaltigen Fischfang prophezeite, der auch tatsächlich Wirklichkeit wurde, und zu ihnen sagte: »Kommt, folgt mir nach, ich werde euch zu Menschenfischern machen, zu Menschen, die andere für Gott gewinnen.« Und beide verliessen das Schiff und folgten Jesus nach.

---

[2] In der Hoffnung für Alle steht: »Von jetzt an sollst du Petrus heissen!« Aber diesen Beinamen erhielt er nicht jetzt schon (Mt 16,18, nach seinem Bekenntnis, bekam er ihn noch einmal zugesprochen). Deshalb bleibe ich bei der wörtlichen Übersetzung.

Ist das nicht ein Widerspruch zu dem, was der Evangelist Johannes uns berichtet? Nein, sondern es zeigt wunderbar, wie Nachfolge tatsächlich funktioniert: Am Anfang stand der Wunsch nach Erlösung durch den Messias, dann der, Jesus kennenzulernen, sobald man verstanden hatte, dass alles darauf hindeutete, dass er der Messias war. Die Brüder hörten Jesus zu, lernten von ihm, erlebten schon viele, auch wundersame Dinge mit ihm: Heilungen, Verwandlung von Wasser in Wein, Dämonenaustreibungen. Und schliesslich, nach einer gewissen Zeit, konnten sie von Herzen sagen: Ja, ich bin bereit, ganz richtig dein Schüler, dein Jünger zu sein und dir überallhin zu folgen. Und genau diese Entscheidung mussten die Brüder am See Genezareth treffen, als Jesus sie dazu aufforderte. Diese Entscheidung bedeutete, dass von nun an Jesus der Herr ihres Lebens war. Er stand über allem anderen. Auch über ihrer Familie. Wie wir später sehen, hat Petrus, der verheiratet war, keineswegs seine Familie verlassen und im Stich gelassen. Das ist nicht gemeint. Aber nicht mehr seine Eltern, nicht seine Frau oder seine Arbeit bestimmten, was Petrus als Nächstes tun sollte.

Dieser Johannes, der hier Jesu Nachfolger wurde, war derselbe Johannes, der später sein Evangelium verfasste – er wusste also genau, wie er Jesus kennengelernt hatte und wie wichtig diese erste Begegnung mit ihm war.

Ja, wir bekommen genügend Zeit, um Jesus kennenzulernen, Erfahrungen mit ihm zu sammeln. Aber irgendwann kommt auch die Zeit, da wir eine klare Entscheidung treffen müssen. Ein Leben lang nur neben Jesus her zu gehen, reicht nicht, um gerettet zu werden. Auch wenn wir regelmässig Gottesdienste besuchen und in der Bibel lesen. Irgendwann müssen wir die Entscheidung treffen, Jesus von ganzem Herzen nachzufolgen, zu ihm zu stehen. Nur dann steht Jesus im Gericht Gottes auch zu uns, sodass wir vor Gott bestehen können.

An Petrus lernen wir noch mehr: Er traf diese Entscheidung für Jesus am See Genezareth. Er folgte ihm nach, gehorchte ihm. Und trotzdem zweifelte er manchmal, korrigierte Jesus sogar, wollte ihn belehren statt umgekehrt und im schlimmsten Moment von Jesu Leben liess er ihn sogar im Stich und leugnete, ihn überhaupt zu kennen. Dazwischen hatte er jedoch immer wieder gewaltige Erkenntnisse und bewies grossen Glauben: Er ging Jesus sogar auf dem Wasser entgegen! Erst nach Jesu Tod wurde er ein entschlossener Nachfolger Christi, der am Ende sogar für seinen Glauben starb.

Auch wir müssen nach unserer Entscheidung für Jesus nicht perfekt und vollendet sein! Wir wachsen, werden im besten Fall Jesus immer ähnlicher und kommen ihm so auch immer näher. Das braucht jedoch Zeit. Zweifel können zwischendurch auch mal auftreten und wir werden garantiert unsere Fehler machen. Aber: Haben wir die Entscheidung für Jesus einmal getroffen, dann gilt, dass wir vor Gott gerecht dastehen und gerettet sind – der Massstab ist nicht, wie perfekt wir sind, sondern ob wir Jesus als unseren Herrn angenommen haben, der über unser Leben befiehlt, aber auch die Verantwortung dafür trägt.

Die Hochzeit von Kana

Wir befinden uns kurz vor dem Dorfeingang Kana, einem kleinen Ort, 14 km von Nazareth entfernt, in Galiläa: Die ungefähr siebenköpfige Männer-Gruppe war erschöpft, denn sie waren die letzten zwei Tage vom unteren Jordan bis hierher gewandert. Begonnen hatten sie die Reise noch zu viert oder fünft: Ein Mann namens Jesus war als Rabbi der Leiter der Gruppe, die aus seinen Schülern bestand: Andreas und sein Bruder Simon, Johannes und ziemlich sicher auch sein Bruder Jakobus. Unterwegs hatten sie dann jedoch noch Philippus angetroffen, der ebenfalls nach Galiläa, in seine Heimat, unterwegs war. Kurz darauf stiess auch Nathanael dazu. Alle Männer hatten eines gemein: dass sie von ihrem Lehrer Jesus lernen und ihn und seine Lehre besser kennenlernen wollten.

Der Grund der Reise war eine Hochzeit, die in Kana stattfand. Jesus und seine Familie waren mit dem Brautpaar gut bekannt, weshalb sie eingeladen waren. Es war selbstverständlich, dass auch die Schüler eines Rabbis der Einladung folgten, denn ein Rabbi und seine Jünger waren eine feste Gemeinschaft, sie gehörten zusammen.

Also auf, gehen wir an eine Hochzeit!

1 – Maria muss lernen, Jesus zu vertrauen

»Als während des Festes der Wein ausging, sagte seine Mutter zu ihm: ›Es ist kein Wein mehr da!‹« (Joh 2,3)

Eine Hochzeit dauerte damals ungefähr sieben Tage lang. Ob Jesus mit seinen Jüngern gleich am ersten Tag dazugestossen war oder erst etwas später, ist nicht klar. Irgendwann im Verlauf des Festes ging auf jeden Fall der Wein aus. Man trank damals verdünnten Wein so wie wir heute Wasser – es war also kein Luxusartikel, der ausging, sondern das Hauptgetränk. Und das auf einer Hochzeit, wo alles stimmen sollte! Maria stellte das mit Schrecken fest.

Wer sich nur ein bisschen mit Frauen auskennt, der weiss,

dass Maria hier nicht einfach eine Feststellung machte. Nein, das war gleichzeitig die indirekte Aufforderung an Jesus, etwas dagegen zu unternehmen! Maria hatte vor seiner Geburt erfahren, dass ihr Sohn der versprochene Messias sein würde. Durch die besondere Art der Empfängnis wusste sie, dass er nicht nur Mensch, sondern auch Gott war. In den Heiligen Schriften war klar gesagt worden, dass der Messias Wunder vollbringen würde, um seine Gottheit zu zeigen. Maria hielt an dieser Verheissung fest und glaubte ganz stark daran, dass Jesus durch ein Wunder noch mehr Wein beschaffen könnte. Vielleicht schwang aber auch noch etwas anderes mit: Ihr wurde von einem gewissen Simeon prophezeit, dass sich viele gegen Jesus auflehnen würden, und dass der Schmerz darüber ihr wie ein Schwert durchs Herz fahren würde. Sie kannte die entsprechenden Stellen der Schrift, wo klar gesagt wurde, dass der Messias sterben würde. Wenn Jesus nun hier Wunder tat, vor aller Augen, dann würden sie ihn als Messias anerkennen. Es würde sich herumsprechen und alle wären begeistert. So müsste er nicht sterben. Ganz sicher hatte Jesus selbst darüber auch schon nachgedacht: Er hätte die Macht dazu, sich so zu verhalten, dass alle ihn anerkennen und sich ihm als neuen Herrscher unterordnen würden. Er könnte so dem Tod entkommen. Aber Gottes Plan sah anders aus. Würde Jesus sich selbst die Herrschaft verschaffen, würde er letztlich ohne Untertanen dastehen, denn kein Mensch wäre vor Gott unschuldig, keiner würde heil durch Gottes Gericht kommen. Keiner wäre übrig, um unter Jesu ewiger Herrschaft zu leben. Nur, wenn er sich an Gottes Plan hielt, nicht an eigene Wünsche und Gedanken, würde er letztlich ans Ziel kommen. Was Maria hier forderte, war eine erste Versuchung für Jesus – denn sie sprach seine eigenen Wünsche an. Gab Jesus ihnen nach oder blieb er bei Gottes Plan?

»Doch Jesus antwortete ihr: ›Es ist nicht deine Sache, mir zu sagen, was ich tun soll! Meine Zeit ist noch nicht gekommen!‹« (Joh 2,4)

Die wörtliche Übersetzung aus dem Griechischen würde lauten: »Was habe ich mit dir zu schaffen, Frau?« Für uns heute klingt das ziemlich frech – so war es damals aber nicht. Indem Jesus die Bezeichnung »Mutter« meidet, distanziert er sich allerdings ganz klar von ihr. Familienbande waren nicht das, was für Jesus zählte.

Die Familie ist in der Bibel etwas sehr Wichtiges und Schützenswertes, sie hat einen enorm hohen Stellenwert. Aber Gott steht noch über ihr. Nicht die Familie, ja nicht einmal die eigenen Eltern sollen bestimmen, was wann zu tun ist. Nicht sie bestimmen, wie unser Leben verlaufen soll, sondern Gott. Unsere Eltern können uns gute Ratschläge geben und uns helfen, aber die genaue Richtung bestimmen sollte Gott! »Es ist nicht deine Sache, mir zu sagen, was ich tun soll.« Dies bestimmt Gott. Hätte Gott ihm den Auftrag dazu gegeben, Wein zu besorgen, dann hätte Jesus es schon längst getan, dann müsste nicht Maria ihn darauf aufmerksam machen. So war es für Jesus klar, dass jetzt nicht der richtige Moment dafür war.

Dazu kam, dass Jesus als Mensch keinerlei Wunder tun konnte. Ja, er ist und war auch Gott, aber er ist und war nicht ein zweiter Gott, der losgelöst vom himmlischen Vater handeln könnte. Nur, wenn er ganz eins mit Gott war, bekam er die Macht dafür. Er konnte gar keine Wunder vollbringen, wenn Gott es nicht wollte.

Erst recht ist es so in unserem Leben: Wir können nichts bewirken, wenn wir nicht eins sind mit Gott. Selbst ein Gebet funktioniert nicht, wenn es nicht in inniger Verbundenheit mit Gott ausgesprochen wird. Nur, wenn das Gebet Gottes Wille entspricht, wird er es erhören – ansonsten wird er uns die Erfüllung ersparen, weil sie nicht gut für uns wäre. Und vielleicht ist das Gebet zwar gut gemeint und auch richtig – aber nicht in dem Moment. Lassen wir uns doch ganz auf Gottes Zeitplan ein und vertrauen wir darauf, dass er es im Griff hat und richtig macht: *»Befiehl dem Herrn dein Leben an und vertraue auf ihn, er wird es richtig machen!«* (Psalm 37,5)

Und wie reagieren wir, wenn Gott unser Gebet nicht erhört? Verzweifeln wir, geben wir das Beten ganz auf, oder werden wir sogar wütend auf Gott? Oder machen wir es so wie Maria:

»Da sagte seine Mutter zu den Dienern: ›Was immer er euch befiehlt, das tut!‹« (Joh 2,5)

Maria liess sich durch Jesus korrigieren. Sie gab ihm vollkommen Recht und vertraute ihm ganz.

Warum sie als Gast den Dienern Befehle geben konnte, wissen wir nicht mehr. Wahrscheinlich stand sie der Hochzeitsgesellschaft sehr nahe. Dass sie bereits eine gewisse Berühmtheit durch Jesus erlangt hätte, ist zu diesem Zeitpunkt eher unwahrscheinlich.

2 – Denn Jesus macht keine halben Sachen

Maria hatte also gelernt, Jesus zu vertrauen, dass er den richtigen Zeitpunkt, um Wunder zu tun, vom himmlischen Vater selbst erfuhr. Und dann geschah etwas Unvermutetes: Nur kurze Zeit später – es war ja schon kein Wein mehr da und das Fest konnte trotzdem ohne Probleme weiterlaufen, also kann nicht viel Zeit seither vergangen sein – ergriff Jesus die Initiative, um das Problem zu beheben. Man könnte denken, Jesus hätte ja wegen diesen paar Minuten oder meinetwegen Stunden keinen Aufstand machen müssen. Hätte er doch einfach Maria ihren Wunsch gelassen und alles wäre gut gekommen? Nein, denn Maria musste zuerst lernen, ihm zu vertrauen. Wenn er auf ihren Wunsch hin das Wunder getan hätte, hätte sie einen völlig falschen Eindruck bekommen. Gott bestimmt, wann es Zeit für Wunder ist – und zwar nicht nur aufs Jahr oder den Monat genau, sondern auf den Moment genau!

Es gibt kein Rezept dafür. Manchmal sagt uns Gott, dass etwas getan werden muss, lässt uns aber die Freiheit zu entscheiden, wann wir das tun wollen: zum Beispiel eine bestimmte Weiterbildung zu machen, jemanden zu besuchen, mit jemandem über Jesus zu sprechen. Aber es gibt auch die Situation, dass Gott uns ganz genau zeigt, dass wir jetzt handeln sollen. Dies zum Beispiel wenn jemand traurig ist und wir genau jetzt tröstende Worte für diese Person übrig haben sollen. Oder wenn jemand hingefallen ist, dann sollen wir ihm natürlich auch sofort aufhelfen und nicht erst in einer Stunde. Wenn wir bereit sind, auf Gott zu hören, werden wir wissen, was dran ist zu tun und wann.

So ergriff nun Jesus das Wort. Denn jetzt war die Zeit da:

»Nun gab es im Haus sechs steinerne Wasserkrüge. Man benutzte sie für die Waschungen, die das jüdische Gesetz verlangt. Jeder von ihnen fasste 80 bis 120 Liter. Jesus forderte die Diener auf: ›Füllt diese Krüge mit Wasser!‹ Sie füllten die Gefässe bis zum Rand.« (Joh 2,6-7)

Wenn Jesus schon ein Wunder tun wollte, dann hätte er auch die leeren Krüge mit Wein füllen können, ohne dazu die Diener mit einzubeziehen! Aber das war typisch für Jesus: Er wollte Beziehung mit den Menschen. Deshalb bezog er sie auch sehr oft mit ein, wenn es um Wunder, Heilungen oder dergleichen ging.

Auch Gott braucht unsere Hilfe eigentlich nicht. Er könnte alles auch ohne uns tun: das Evangelium verbreiten, Menschen helfen, heilen, trösten ... Aber auch er möchte mit uns Beziehung haben und bezieht uns deshalb in seine Werke mit ein. Je mehr wir uns dafür bereitstellen, desto mehr dürfen wir mit Gott Beziehung haben. Denn gemeinsame Aktivitäten verbinden – das merken wir ja auch zwischenmenschlich. Je mehr Zeit wir mit unserem Ehepartner verbringen, desto enger ist die Beziehung. Und mit Zeit verbringen ist natürlich intensive Zeit gemeint, in der man eben gemeinsam an etwas arbeitet, gemeinsam etwas erlebt – nicht bloss nebeneinander auf dem Sofa sitzt.

Wenn wir das Gefühl haben, Gott zu wenig zu erleben, dann könnte es daran liegen, dass wir uns ihm nicht genügend zur Verfügung stellen. Probiere es aus! Lass Dich vollständig auf Gott ein und Du wirst eine ganz enge Beziehung mit ihm erleben und viele Erfahrungen mit ihm machen.

»Dann ordnete er an: ›Nun bringt dem Mann, der für das Festmahl verantwortlich ist, eine Kostprobe davon!‹ Die Diener befolgten seine Anweisungen.« (Joh 2,8)

Dieser Mann war gewöhnlich ein guter Freund des Bräutigams, der dafür verantwortlich war, dass das Fest gut verlief und alles funktionierte. Also auch, dass immer genügend Wein auf den Tischen stand. Er hatte seinen Job also eher nicht so gut gemacht ...

Die Diener führten den Auftrag jedenfalls aus und durften nun Zeuge des Wunders werden:

»Der Mann probierte das Wasser: es war zu Wein geworden! Er wusste allerdings nicht, woher der Wein kam. Nur die Diener wussten Bescheid.« (Joh 2,9a)

Das Wunder an sich wird nicht beschrieben: es war einfach plötzlich Wein. Während für uns heute oft genau das Wunder selbst, wie das passieren konnte, wie genau das chemisch ablief, von Bedeutung ist, war für Jesus, aber auch den Evangelisten Johannes viel wichtiger, was drumherum geschah: Dass die Diener gehorchten, dass Gott die genaue Zeit bestimmte und Jesus sich ganz auf Gott verliess.

Der Mann wusste nichts davon, dass Jesus diesen Wein produziert hatte, deshalb war er ein glaubwürdiger Zeuge.

»Da rief er den Bräutigam zu sich und hielt ihm vor: ›Jeder bietet doch zuerst den besten Wein an! Und erst später, wenn die Gäste schon betrunken sind, kommt der billige Wein auf den Tisch. Aber du hast den besten Wein bis jetzt zurückgehalten!‹« (Joh 2,9b-10)

Wie heute auch besorgte der Bräutigam den Wein, aber der Festplaner musste dafür sorgen, dass er zur rechten Zeit und in genügender Menge auf dem Tisch stand.

Dieser Wein, den er gekostet hatte, war von allerbester Qualität! – Wenn Jesus etwas macht, dann immer sehr gut. Das erinnert uns auch an die Schöpfungsgeschichte, als Gott die Welt gemacht hatte – *»Schliesslich betrachtete Gott alles, was er geschaffen hatte, und es war sehr gut!«* (1. Mose 1,31a) Das gilt auch heute noch: Wenn Jesus heilt, dann heilt er besser, als der beste Arzt es könnte. Wenn er unser Leben plant, dann ist sein

Plan besser als unserer. Wenn Jesus uns von Schuld und Tod befreit, dann tut er das vollständig. Wenn er uns ein neues Leben schenkt, einen Neuanfang, dann bezieht sich das auf alle Bereiche unseres Lebens und hält nicht nur für einen kurzen Moment an. Jesus macht keine halben Sachen – entweder sehr gut oder gar nicht!

3 – Warum tut Jesus es überhaupt?

»So vollbrachte Jesus in dem Dorf Kana in Galiläa sein erstes Wunder. Er offenbarte damit zum ersten Mal seine göttliche Herrlichkeit, und seine Jünger glaubten an ihn.« (Joh 2,11)

Gleich nach Jesu Taufe öffnete sich der Himmel und der Heilige Geist kam auf ihn herab. Damals hatte Gott seine Herrlichkeit an ihm offenbart. Aber hier öffnete sich der Himmel und Jesus war es, der seine göttliche Herrlichkeit zeigte. Warum tat er das?

Er zeigte damit seine göttliche Kraft. Ein Mensch konnte nicht solche Wunder tun, nur Gott konnte das. Jesus und Gott waren eins, aufs engste miteinander verbunden. Das wurde durch das Wunder deutlich.

Dann handelte es sich beim Wein auch um eine Neuschöpfung. Wie Gott am Anfang Himmel und Erde geschaffen hatte, so schuf Jesus hier Neues. Er wies damit schon jetzt auf die neue Schöpfung hin, die es einmal geben wird. Eine neue Erde und einen neuen Himmel, die dann wieder »sehr gut« sind und es auch bleiben werden. Aber schon vorher wird jeder Mensch, der Jesus als Messias angenommen hat, der gereinigt wurde von seiner Schuld, ein neues Leben bekommen. Jesus war auf dieser Erde, um alles neu zu machen – das zeigte er mit diesem Wunder!

Und als Drittes zeigte Jesus klar, dass es in seiner Gegenwart niemals Mangel geben wird. Wer mit Jesus zusammen lebte, der würde nie zu wenig von dem haben, was er brauchte. Ja, er würde sogar noch mehr als nur das Nötigste haben. Denn der Wein war nicht lebensnotwendig. Einfaches Essigwasser, wie man es im Notfall auch trank, hätte gereicht, um nicht zu verdursten. Aber Jesus erschuf qualitativ hochstehenden Wein. – Allerdings werden auch Christen nicht immer alles haben, was sie sich vorstellen, sondern immer so, dass es gut für sie ist. Nicht jeder kann mit viel Geld oder Macht umgehen.

Der letzte, aber nicht unwichtigste Punkt, ist sehr interessant: Jesus tat dieses Wunder, damit die Jünger an ihn glaubten. Es ging Jesus nicht um die Hochzeitsgäste, wie Maria das zuerst im Blick hatte. Wir erfahren nicht einmal, ob die Gäste überhaupt erfuhren, was geschehen war. Jesus hat selten ungläubige Menschen durch Wunder von seiner Messianität überzeugt. Nicht einmal, wenn diese explizit einen Beweis von ihm verlangten!

Ja, aber hatten die Jünger denn nicht schon vorher an ihn geglaubt? Schliesslich waren sie ja seine Jünger geworden?! Doch, natürlich. Aber sie hatten durch dieses Wunder eine nächste Stufe in ihrem Glauben erklommen: Sie waren sich sicherer geworden durch Erfahrung. Die definitive Entscheidung für oder gegen Jesus stand immer noch aus. Sie waren immer noch dabei, ihn kennenzulernen.

Durch alles, was wir mit Jesus erleben, werden wir sicherer in unserem Glauben. Aber damit wir überhaupt etwas mit Jesus erleben können, müssen wir ihn in unser Leben lassen. Wir müssen offen sein für ihn und ihn aufrichtig kennenlernen wollen.

Menschen, die sich überhaupt nicht für Jesus interessieren oder sich sogar ihm gegenüber ganz verschliessen, werden in den seltensten Fällen etwas mit Jesus erleben. Solche Menschen können wir auch nicht durch Argumente oder Erfahrungsberichte überzeugen, dass Jesus existiert. Alles, was wir tun können, ist, ihnen durch unseren Lebensstil ein Zeugnis sein, ihnen auf allfällige Fragen – und seien sie auch noch so provozierend – aufrichtig Antwort geben und ihnen mit Liebe begegnen. Das hat Jesus bis zum Schluss so gelebt.

Die grosse Versuchung

Stell Dir vor, Du gehst die Strasse entlang und plötzlich findest Du ein Portemonnaie im Strassengraben. Darin liegt überraschenderweise eine 200er Note. Du hast es gefunden, nicht geraubt. Selbst wenn Du sofort entscheidest, das Portemonnaie an den Besitzer zurückzugeben und keinen Moment lang überlegt hast, das Geld für Dich zu behalten, stellt das doch eine Versuchung dar. Unser ganzer Alltag ist von Versuchungen durchzogen – von kleineren und grösseren.

Da Jesus nicht so am Geld hing wie viele Menschen, wäre das wohl kaum eine echte Versuchung für ihn gewesen. Versuchungen, die auch bei ihm alle Widerstandskraft forderten, sahen anders aus, waren aber dennoch existent ...

1 – Eine Zeit der Bewährung

»Danach wurde Jesus vom Geist Gottes in die Wüste geführt, wo er den Versuchungen des Teufels ausgesetzt sein sollte.« (Mt 4,1)

Der Evangelist Matthäus berichtet dies gleich nach der Taufe Jesu. Von Johannes wissen wir jedoch, dass dieses »danach« nicht im Sinn von »gleich darauf« zu verstehen ist. Dazwischen lag die Wanderung nach Galiläa, nach Kana, wo Jesus mit seinen Jüngern an der Hochzeit teilnahm und sein erstes Wunder vollbrachte. Danach zogen sie – zusammen mit der Familie von Jesus – nach Kapernaum an den See Genezareth. Offensichtlich gab es dort dann familieninterne Probleme, da Jesu Brüder mit ihm und seinen Handlungen nicht mehr einig waren. Es kostete Jesus sicher Kraft, damit umgehen zu können. Und er brauchte viel Zeit mit Gott, um zu beten, neue Kraft zu tanken und auch darüber nachzudenken, um es verarbeiten zu können. Und trotzdem ging er nicht einfach so in das kahle Bergland oder in die Wüste, weil er das wollte und brauchte, sondern es war Gott, der ihn dorthin führte. Gottes Wille muss meinem eigenen ja nicht immer widersprechen! Gott schenkte

Jesus die Zeit, nachzudenken und durchs Gebet neue Kraft zu tanken. Was Jesus aber sicher nicht so gewünscht hätte: Gott tat dies nicht nur deshalb, sondern auch bewusst, damit der Teufel ihn versuchen konnte.

Der Heilige Geist hat die Aufgabe, uns zu leiten, uns mit Gott zu verbinden, uns zu trösten, aber auch, uns zu erziehen: Uns aufzuzeigen, wo wir Fehler gemacht haben, aufzuzeigen, wo wir in unserem Glaubensleben gerade stehen. Wie auch unsere Kinder nur dann einen Schritt vorwärts machen, wenn wir ihnen neue Verantwortung übergeben und sie sich bei einer schwierigen Situation bewähren können, so können auch wir vor allem dann im Glauben weiterkommen, wenn wir eine schwierige Situation erfolgreich meistern konnten. Denn gerade da erleben wir ja häufig Gottes Hilfe und lernen umso mehr, ihm zu vertrauen.

Deshalb ist es nicht verwunderlich oder gar unfair von Gott, Jesus – oder auch uns – vom Teufel durch Versuchungen testen zu lassen.

»Nachdem er vierzig Tage und Nächte lang gefastet hatte, war er sehr hungrig.« (Mt 4,2)

Wo diese Wüste, dieses kahle Bergland, war, wird nicht gesagt. Wenn wir davon ausgehen, dass er zuvor in Kapernaum gewesen ist, dann würde sich das nordwestlich von Kapernaum gelegene Bergland anbieten. Sicher ist dies aber nicht, denn kahl war die Landschaft dort nicht. Andere Ausleger nehmen deshalb an, dass er in die Wüste Judäas ging, was aber auf den Gehalt der Geschichte keinen Einfluss hat.

Fasten ermöglicht intensives Gebet, da man nicht abgelenkt werden kann. Das muss nicht bedeuten, dass Jesus 40 Tage lang gar nichts ass und trank – auch wenn Gott auch das hätte möglich machen können. Es ging einfach darum, dass nicht die Sorge um Nahrung (gerade in der Wüste) alle anderen Gedanken völlig verdrängte. Jesus wusste am Anfang nicht, wie lange er dort bleiben sollte, wie lange er noch fasten musste. Er wusste auch nicht, wie seine nächsten Schritte aussehen sollten. Er wartete einfach, sorgte sich nicht um die Zeit danach, sondern erlebte ganz intensiv diese Zeit mit Gott.

Mose musste übrigens auch genau 40 Tage und Nächte auf dem Berg Sinai warten, bis er von Gott die zehn Gebote bekam. Auch dort war es eine Bewährungszeit: Hatte Mose die Geduld, das Vertrauen in Gott, um zu warten und nicht selbst aktiv zu werden? Und genau darum ging es hier bei Jesus auch: Er kannte seinen Auftrag in groben Zügen. Wenn Gott ihm jetzt nicht sofort sagte, was er als Nächstes tun sollte – wartete er dann trotzdem auf einen genaueren Auftrag von Gott oder nähme er es selbst in die Hand?

Und wie ist das bei uns? Ein guter Christ liest in der Bibel und fragt Gott im Gebet, ob er sich zum Beispiel für eine bestimmte Stelle bewerben soll oder nicht, ob er eine bestimmte Frau heiraten soll oder nicht. – Aber wenn wir dann nicht sofort Antwort von Gott bekommen? Warten wir ab oder entscheiden wir selbst und denken, Gott habe uns anscheinend die Wahl überlassen? Sicherlich müssen wir nicht bei jeder kleinen Entscheidung – welche Socken wir heute Morgen anziehen sollen – Gott um Rat fragen und auf seine Antwort warten! Aber wenn wir Gott schon um eine Antwort bitten (und damit zeigen, dass es um eine wichtige Entscheidung geht), dann sollten wir auch seine Antwort abwarten, bevor wir handeln! Es ist klar, dass wir in den seltensten Fällen wie Jesus 40 Tage einfach verschwinden und beten können. Aber trotzdem: Wann haben wir denn überhaupt Zeit, nur für Gott allein? Ohne, dass das Telefon klingelt, eine E-Mail kommt, jemand an die Tür klopft, die Kinder etwas von uns wollen, Besuch kommt? Wenn schon Jesus diese Zeit mit Gott brauchte, um neue Kraft zu tanken, wie viel mehr würden wir sie dann brauchen? Und wenn es nur eine Stunde pro Tag ist, es lohnt sich, es irgendwie möglich zu machen!

Nach dieser intensiven Zeit war Jesus zwar ganz fest mit Gott verbunden, eins mit ihm, aber er hatte auch Hunger. Er hatte jetzt 40 Tage gewartet, um neue Instruktionen zu bekommen, aber die waren offensichtlich noch ausgeblieben. Wie lange musste er noch warten? Er zweifelte sicher nicht ernsthaft an Gott, denn das wäre eine Sünde gewesen, aber er war anfälliger für Zweifel als sonst. Verständlich!

2 – Gottes Wort hilft, den Versuchungen zu widerstehen

»Da trat der Versucher an ihn heran und sagte: ›Wenn du Gottes Sohn bist, dann befiehl doch, dass diese Steine zu Brot werden!‹« (Mt 4,3)

Der Teufel ist seit dem Sündenfall der Herr dieser gefallenen Welt. Er selbst hat sich bereits vor dem Sündenfall von Gott losgesagt, denn er wollte sein eigener Herr sein. Nun möchte er mit allen Mitteln dafür sorgen, dass die Menschen dies ebenfalls tun und damit seine Untergebenen bleiben beziehungsweise im Fall von Jesus oder uns Christen: werden. Er liebt es deshalb, die Menschen durch allerlei Versuchungen weiter weg von Gott zu bringen. Deshalb wird er hier auch »Versucher« genannt. Beim Messias war es natürlich eine besondere Herausforderung. Aber wenn er es schaffte, ihn zur Sünde und damit von Gott wegzubringen, dann würde der Messias selbst schuldig vor Gott und könnte für keinen Menschen stellvertretend sterben. Damit hätte der Teufel die ganze Menschheit auf ewig gewonnen! Es ist klar, dass Jesus deshalb noch viel mehr Versuchungen erlebte als wir!

Der Teufel kannte die Situation von Jesus genau: Er wusste, dass Jesus der Sohn Gottes war – und nun Hunger hatte. Genau da war er also am Verwundbarsten. Er hatte Hunger, aber Gott, der Versorger, hatte ihm trotzdem immer noch kein Essen geschickt! Er hatte ihn also quasi im Stich gelassen, wenn man es böse sehen will. Und genau diese Sichtweise wollte der Teufel in Jesus wecken. Natürlich sagte er das nicht direkt, sondern gut versteckt, rhetorisch sehr ausgefeilt: Er sagte nur die Wahrheit, obwohl für den Teufel Lügen ein beliebtes Mittel sind. Er wusste genau, dass Jesus auf eine Lüge nicht hereinfallen würde – wir vielleicht schon, aber Jesus nicht. Deshalb argumentierte er völlig richtig, im Einklang mit der Heiligen Schrift: Du bist der Sohn Gottes und hast die Macht dazu, also mach doch aus den Steinen Brot, damit du nicht mehr Hunger haben musst. Erst kürzlich hatte Jesus Wasser in Wein verwandelt – es wäre also wirklich kein Problem für ihn gewesen.

»Aber Jesus wehrte ab: ›Es steht in der Heiligen Schrift: ‚Der Mensch lebt nicht von Brot, sondern von allem, was Gott ihm zusagt!'‹« (Mt 4,4)

Obwohl der Teufel Recht hätte, stimmte Jesus ihm mit keinem einzigen Wort zu, sondern bezog sich gleich auf die Heilige Schrift. Es bringt nichts, mit dem Teufel zu diskutieren, denn er wird sich nicht ändern. Höchstens werden wir dadurch unsicher. Also sich gar nicht erst auf eine Diskussion einlassen, sondern sofort mit einem Bibelwort die Versuchung abschmettern.

Jesus bezog sich auf das 5. Buch Mose, wo Gott Israel auf dem Weg aus Ägypten hatte hungern lassen, um es zu prüfen. Und in 5. Mose 8,3 sagte Gott genau das: *»Der Mensch lebt nicht von Brot, sondern von allem, was Gott ihm zusagt!«* Sie hätten also auf Gott vertrauen sollen, anstatt sich aufzulehnen und wütend zu werden. Und tatsächlich gab er ihnen schliesslich das Manna, das Brot, das vom Himmel fiel. Bis heute ist nicht ganz sicher geklärt, ob man es mit dem zuckerhaltigen Stoff, den Schildläuse in kleinen Körnchen ausscheiden, gleichsetzen kann oder ob es gänzlich übernatürlich war. Das spielt auch keine Rolle: Gott hat es zu einem bestimmten Zeitpunkt, den er festlegte, Israel zukommen lassen – auf welche Art auch immer. Jesus sagte damit, dass er Gott völlig vertraute, dass er ihm zur rechten Zeit Nahrung geben würde. Bis es soweit war, wollte er warten.

Und schlussendlich geht es bei jeder Versuchung um diese eine Frage: Vertrauen wir Gott, dass er für uns genügend sorgt, oder müssen wir selbst für uns sorgen? Adam zum Beispiel hatte Gott nicht genügend vertraut und deshalb von der verbotenen Frucht im Garten Eden gegessen. Oder die Versuchung, die ich anfangs beschrieben habe: Wenn wir Gott vertrauen, dass er uns mit dem nötigen Geld versorgt, dann brauchen wir das gefundene Geld nicht zu behalten. Der Teufel greift jeden dort an, wo er am Anfälligsten ist: Bei einem ist das das Geld, bei einem anderen die Macht, Sex oder Stolz. Aber immer geht es ums Vertrauen zu Gott. Oft bleibt der Teufel ganz nah an der Wahrheit, damit es für uns schwierig wird, fest zu bleiben. Er könnte uns zum Beispiel daran erinnern, wieviel Gutes wir mit diesem gefundenen Geld in der Gemeinde tun könnten, die gerade ein neues Projekt starten will und dafür Geld sammelt ... Deshalb nicht auf Diskussionen einlassen, nicht lange mit dem Gedanken spielen und überlegen, sondern sofort dafür entscheiden, das Richtige zu tun – und was das ist, wissen wir in den allermeisten Fällen ja sehr gut!

Die erste Versuchung überstand Jesus also perfekt. Aber der Teufel gab so schnell nicht auf ...

»Da nahm ihn der Teufel mit in die heilige Stadt Jerusalem und stellte ihn auf die höchste Stelle des Tempels. ›Wenn du Gottes Sohn bist, dann spring hinunter‹, forderte er Jesus auf. ›In den Schriften steht doch: ‚Gott wird dir seine Engel schicken. Sie werden dich auf Händen tragen, so dass du dich nicht einmal an einem Stein stossen wirst!'‹« (Mt 4,5-6)

Die zweite Versuchung war insofern härter, dass der Teufel hier selbst die Heilige Schrift zitierte. Ja, er kennt Gottes Wort viel genauer als wir. Er weiss alles über Gott, was es zu wissen gibt, und lehnt ihn trotzdem als seinen Herrn ab – und genau das ist die schreckliche Sünde, in der er lebt. Und da hinein wollte er nun auch Jesus ziehen.

Er brachte Jesus tatsächlich real nach Jerusalem, denn sonst wäre der Sprung ja nicht wirklich gefährlich, wenn er nur im Geist geschehen würde. Der Teufel hat also selbst durchaus auch die Macht, Wunder zu tun! Nicht jedes Wunder, das je auf dieser Welt stattgefunden hat, kommt also von Gott! Er brachte Jesus auf einen Mauervorsprung des Tempels, wo es ungefähr 40 m tief ins Kidrontal hinabging. Und dann zitierte er Psalm 91, wo es um den Schutz dessen geht, der mit Gott lebt: Weder Pest noch Angriffe oder wilde Tiere können ihm etwas anhaben. *»Darum wird dir nichts Böses zustossen, kein Unglück wird dein Haus erreichen. Denn Gott wird dir seine Engel schicken, um dich zu beschützen, wohin du auch gehst. Sie werden dich auf Händen tragen, und du wirst dich nicht einmal an einem Stein stossen.«* (Psalm 91,10-12) Ganz offensichtlich wurde der Bibelvers aus dem Zusammenhang gerissen. Dort steht nichts davon, dass man sich in Gefahr begeben soll, und Gott einen dann rettet. Dort geht es darum, dass man sich keine Sorgen machen muss, weil man unter dem Schutz Gottes steht. Vielleicht wollte der Teufel aber auch sagen, dass Gott bei seinem Messias doch eine Ausnahme machen und ihn selbst dann retten würde?!

Auf jeden Fall wird deutlich, dass jemand, der die Bibel zitiert, nicht unbedingt im Recht sein muss! Einzelne Bibelverse, aus dem Zusammenhang gerissen, können dramatische Fehldeutungen zulassen. Und ganz oft geschieht dies – wie beim Teufel – durch Menschen, die von Gott nichts wissen wollen. Atheisten zitieren sehr oft die Bibel: grausam anmutende Bibelstellen, wo es darum geht, dass ganze Völker ausgerottet werden sollen. Damit wollen sie dann beweisen, dass Gott ein bösartiger Sadist sei.

Aber der Gedanke des Teufels ist natürlich faszinierend. Rund um den Tempel waren täglich Hunderte von Menschen zugegen. Wäre Jesus gesprungen und von Engeln aufgefangen worden, hätten alle sofort erkannt, dass er der Messias war, jemand ganz Besonderes. Sie hätten ihn nicht abgelehnt und ihm wäre der Tod am Kreuz erspart geblieben.

»Jesus entgegnete ihm: ›In der Schrift steht aber auch: ‚Du sollst den Herrn, deinen Gott, nicht herausfordern!'‹« (Mt 4,7)

Schon wieder entgegnete Jesus sofort mit einer Bibelstelle. Auch diese steht im 5. Buch Mose. Dort steht wörtlich: *»Fordert den Herrn, euren Gott, nicht heraus, wie ihr es in Massa getan habt!«* (5. Mose 6,16) In Massa verlangten die Israeliten von Gott zu trinken. Sie erbaten es nicht, sondern forderten es von ihm: Hätten sie kein Wasser bekommen, hätten sie nicht mehr geglaubt, dass Gott bei ihnen war. Sie stellten Gott also quasi ein Ultimatum.

Und genau das würde Jesus tun, wenn er springen würde. Er würde Gott ein Ultimatum stellen: Entweder du rettest mich vor dem sicheren Tod, oder dein Heilsplan würde platzen. Da er dadurch gesündigt hätte, wäre der Heilsplan sowieso geplatzt und es wäre nicht einmal sicher gewesen, dass Gott seine Engel geschickt hätte! So oder so hätte der Teufel gewonnen.

»Schliesslich führte ihn der Teufel auf einen sehr hohen Berg und zeigte ihm alle Reiche der Welt mit ihrer ganzen Pracht. ›Das alles gebe ich dir, wenn du vor mir niederfällst und mich anbetest‹, sagte er.« (Mt 4,8-9)

Gott hatte Mose auf einen hohen Berg geführt, um ihm das verheissene Land zu zeigen. Den Propheten Hesekiel führte Gott auf den hohen Berg, um ihm eine Vision vor Augen zu führen. Wenn der Teufel nun Jesus auf einen hohen Berg führte, machte er nichts anderes, als Gott nachzuahmen. Wie Gott Mose das verheissene Land gezeigt hatte, zeigte der Teufel Jesus nun alle Reiche der Welt. Es ist klar, dass dies nun im Geist geschah, nicht real, denn einen so hohen Berg gibt es nicht, von dem aus man alle Länder überblicken könnte. Nicht einmal, wenn man die Sicht auf die damals bekannte und wichtige Welt beschränken würde.

All diese Reiche gehören ja wirklich dem Teufel – Gott hatte sie ihm überlassen, als die ersten Menschen sich von ihm losgesagt hatten. Der Teufel hätte sie ihm wirklich geben können. Die dritte Versuchung bezog sich also auf die Macht. Jesus hätte jetzt sofort, ohne zuerst am Kreuz leiden zu müssen, ohne vorher von den Menschen abgelehnt zu werden, zusammen mit dem Teufel die ganze Welt beherrschen können!

Auch darin ahmte der Teufel Gott nach. Denn Gott wollte ja dem Sohn die ganze Welt schenken und mit ihm zusammen für immer herrschen. Aber in Gottes Plan musste der Messias zuerst leiden, um die Menschen zu Gott zurückzuführen.

Der Teufel ahmt Gott nach. Er gibt uns durch die Versuchungen Befehle, das Falsche zu tun. Es hilft sicher, der Versuchung zu widerstehen, wenn man weiss, dass man dadurch nicht nur Gott gegenüber ungehorsam wird, sondern sogar den Willen des Teufels ausführt. Wir akzeptieren ihn zumindest in dem Moment als unseren Herrn, der uns Befehle geben darf. Und das will ich auf keinen Fall! Du?

Die Bedingung, die der Teufel an Jesus stellte, war nämlich

eindeutig: Er müsste ihn als seinen ›Gott‹ anerkennen und Gott abschwören. Das ist letztlich immer das, was der Teufel von uns möchte. Nicht nur für einen Moment, sondern gänzlich.

Es ist wichtig zu wissen, dass Gott selbst Jesus in die Wüste geschickt hatte, damit der Teufel ihn versuchte. Es war also auch für Jesus tatsächlich eine Versuchung und nicht einfach dummes Zeug, das ihn völlig kalt liess. Er hätte die Seite wechseln können und wäre dadurch allem Leiden entkommen.

»Aber Jesus wies ihn ab: ›Weg mit dir, Satan, denn es heisst in der Schrift: ‚Bete allein den Herrn, deinen Gott, an und diene nur ihm!'‹« (Mt 4,10)

Auch dieser Versuchung begegnete Jesus mit einer Bibelstelle aus dem 5. Buch von Mose. Es geht dort darum, dass Israel ins verheissene Land kommen würde. Dort würden sie es gut haben, ihnen würde es an nichts fehlen. *»Aber achtet darauf, dass ihr den Herrn nicht vergesst, euren Gott, der euch aus der Sklaverei in Ägypten befreit hat. Nur vor ihm sollt ihr Ehrfurcht haben, nur ihm dienen und nur bei seinem Namen schwören. Verehrt nicht die Götter eurer Nachbarvölker! Sonst wird der Herr, euer Gott, zornig und vernichtet euch. Denn er wohnt mitten unter euch, und er duldet keinen anderen Gott neben sich.«* (5. Mose 6,12-15) Vor allem in guten Zeiten stehen wir in der Gefahr, Gott zu vergessen. Oder wie hier bei Jesus: In Zeiten, da uns Gutes angeboten wird. Aber genau dann sollen wir Gott, der es gut mit uns meint, den Gott der Liebe, nicht vergessen. Der Teufel hatte keine Chance bei Jesus, deshalb sollte er gleich verschwinden!

Anscheinend hatte Jesus besonderen Gefallen am 5. Buch Mose, denn bei allen drei Versuchungen zitierte er daraus. Vielleicht, weil darin der zweite Mose angekündigt wurde, den man als Messias deuten könnte (oder als dessen Vorläufer). Er hätte aber genauso gut auch aus anderen alttestamentlichen Büchern zitieren können – Hauptsache, es ist Gottes Wort, denn dagegen kann selbst der Teufel nichts sagen.

Jesus nannte ihn hier Satan. Das bedeutet auf Deutsch »Ankläger«. Zuerst versucht er die Menschen, und sobald sie nachgegeben haben, klagt er sie bei Gott an – er will ja schliesslich, dass Gott wütend wird und sie so weit wie möglich von sich wegstösst.

Wie anders ist doch Jesus. Er hilft uns heute durch den Heiligen Geist, den Versuchungen zu widerstehen. Wenn wir doch einmal zu schwach sind und sündigen, dann verteidigt Jesus uns vor Gott. Welcher Seite – dem Teufel oder Gott – wollen wir da mehr vertrauen?

3 – Das Festhalten an Gott wird belohnt

Nach diesem klaren Statement von Jesus kann der Teufel nichts mehr tun.

»Da liess der Teufel von Jesus ab und die Engel Gottes kamen und sorgten für ihn.« (Mt 4,11)

Der Evangelist Lukas schrieb: *»Nachdem der Teufel alles versucht hatte, um Jesus zur Sünde zu verleiten, verliess er ihn für einige Zeit.«* (Lk 4,13) Der Teufel liess Jesus nun nicht für den Rest seines Lebens in Ruhe, aber er sah ein, dass er momentan einfach nicht nachgeben würde. Sicherlich schob auch Gott da einen Riegel vor und gönnte Jesus eine Ruhezeit. Aber immer wieder kamen Versuchungen auf Jesus zu. Der Höhepunkt war sicher die Entscheidung, sich gegen den Weg ans Kreuz nicht zu wehren, um die Menschen, die ihn grösstenteils ablehnten und sogar zum Tode verurteilt hatten, von ihrer Schuld zu befreien. Wie leicht wäre es für ihn gewesen, sich aus dieser Situation zu befreien!

Weil Jesus selbst genau weiss, wie es als Mensch ist, immer wieder versucht zu werden, kann er uns auch verstehen wie kein anderer. Er leidet mit uns mit, wenn wir es einmal nicht schaffen und sündigen. Er hilft uns durch, wenn wir nah bei ihm bleiben. Er sagt uns nicht: »Stell dich nicht so an, ist doch ganz einfach, das Richtige zu tun«, sondern: »Ich weiss, wie schwierig es ist, aber wir stehen das gemeinsam durch!« Er geht mit uns um, wie gute Eltern mit ihren Kindern: liebevoll und helfend, nicht drohend und schimpfend.

Adam, der erste Mensch, hatte der Versuchung nicht widerstehen können. Daraufhin musste er von Gott weg, hinaus aus dem Garten Eden, der von Engeln bewacht wurde, damit er nicht zurückkehren konnte. Seitdem kann kein Mensch mehr mit Gott Gemeinschaft haben. Jesus aber, der oft auch »der zweite Adam« genannt wird, hat den Versuchungen widerstanden. Und nun kamen ebenfalls wieder Engel, aber sie trennten Jesus nicht von Gott, sondern brachten auf Gottes Befehl hin alles, was Jesus brauchte. Er hatte nicht umsonst auf Gott vertraut: Nun war der richtige Zeitpunkt gekommen und er konnte seinen Hunger stillen. Gott freute sich über seinen Sohn. Und so freut er sich auch jedes Mal, wenn wir erfolgreich einer Versuchung widerstehen können. Denn gerade dann sind wir oft viel enger mit Gott verbunden und fühlen uns besser.

Jesus bekam sicher in dieser Zeit auch eine neue Richtung von Gott, einen neuen Auftrag, wohin er gehen sollte. Ob er gleich danach nach Jerusalem ans Passahfest reiste oder vorher noch anderes erlebte und tat, wissen wir leider nicht mehr genau. Auf jeden Fall war er nun wieder von neuer Kraft erfüllt und bereit, das zu tun, was Gott für ihn vorgesehen hatte.

Nikodemus

»Jerusalem. Passahfest. Tausende von Menschen sind wie jedes Jahr nach Jerusalem gepilgert, wie das Gesetz es verlangt. Dieses Jahr erlebten sie jedoch Aussergewöhnliches. Ein Mann namens Jesus hat zahlreiche, teilweise schwerkranke Menschen geheilt. Auch von Dämonen Besessene konnte er heilen. Die Menschen sind fasziniert und bejubeln ihn als den erwarteten Messias. Gerüchte gehen um, dass sie ihn zum offiziellen König Israels erheben wollen. Seltsamerweise hat sich der Betroffene zu den Gerüchten nicht geäussert, sondern hat sich zurückgezogen.«

So oder ähnlich könnte ein Artikel in der Zeitung gelautet haben. Das Volk war von Jesus begeistert, die Gefühle spielten verrückt. Und genau das war das Problem. Sie waren zu wenig gebildet, um mehr über den Messias zu wissen; dass das Königsein nicht seine erste Aufgabe war. Sie wollten aber gar nicht mehr erfahren, sondern verliessen sich ganz auf ihre Gefühle. Anders Nikodemus ...

1 – Nikodemus kommt zur höchsten menschenmöglichen Erkenntnis

»Unter den Pharisäern gab es einen Mann namens Nikodemus; er war ein Mitglied des Hohen Rates.« (Joh 3,1)

Obwohl sein Name griechisch ist, gehörte er zu den erzkonservativen Pharisäern. Diese Partei war dafür bekannt, dass sie alle Gesetze der Heiligen Schrift (also 613 Gebote und Verbote) bis ins kleinste Detail befolgen wollten – dadurch entstanden zahlreiche Zusatzgesetze, die dies garantieren sollten. Ihr Ziel war edel. Sie wollten Gottes Wille ganz erfüllen. Deshalb gab sich Jesus sehr oft mit ihnen ab, diskutierte mit ihnen, beantwortete liebevoll ihre Fragen – selbst wenn die Fragenden ihm nicht wohlgesonnen waren – und liess sich von ihnen sogar zum Essen einladen. Was Jesus ihnen immer wieder vorwarf, war nicht ihr Ehrgeiz, sondern vor allem zwei Dinge: Dass sie dabei die Liebe vergassen und dass sie dachten, sie seien durch ihre Handlungen gerecht vor Gott und hätten seine Gnade nicht nötig. Zu dieser Partei gehörte also Nikodemus. Anscheinend gehörte er zu den herausragenden Gelehrten seiner Zeit, sonst wäre er sicher nicht in den Hohen Rat berufen worden. Denn dieser war das höchste Regierungs- und Richterkollegium der Juden und bestand aus 71 Mitgliedern. Vorsitz hatte der amtierende Hohepriester, der zur Zeit Jesu Sadduzäer war. Nikodemus hatte also den Höhepunkt seiner für ihn möglichen Karriere erreicht. Nach rabbinischer Literatur war er ausserdem einer der drei reichsten Männer Jerusalems.

Da der Hohe Rat dafür verantwortlich war, unter den Juden politisch und religiös für Ordnung zu sorgen, war es klar, dass mindestens Gerüchte über Jesu Wundertaten auch bis zu Nikodemus drangen. Vielleicht hatte er sogar einige der Wunder selbst miterlebt. Auch klar war, dass die Gelehrten über Jesus diskutierten, um herauszufinden, wie er zu bewerten sei. Und der Schluss, zu dem sie kamen, führte dazu, dass Nikodemus diesen Jesus persönlich aufsuchen wollte.

»Eines Nachts kam er zu Jesus: ›Rabbi‹, sagte er, ›wir wissen, dass Gott dich als Lehrer zu uns gesandt hat. Denn niemand kann die Wunder tun, die du vollbringst, wenn Gott sich nicht zu ihm stellt.‹« (Joh 3,2)

Die Nacht war eine beliebte Zeit für theologische Studien und Lehrgespräche. So sagt es auch Psalm 119,148: *»Voller Erwartung bleibe ich die ganze Nacht wach und denke über das nach, was du mir sagst.«* Die Annahme, dass Nikodemus Jesus heimlich aufsuchte, sodass seine Parteigenossen es nicht bemerkten, ist eher unwahrscheinlich. Zu dieser Zeit wurde Jesus ja nicht angegriffen oder geächtet. Es ging also tatsächlich um ein Lehrgespräch – dies zeigt auch die Anrede »Rabbi« (Lehrer). Obwohl Jesus keinerlei pharisäische Ausbildung genossen hatte, während Nikodemus einer der gelehrtesten Männer Jerusalems war, sprach er ihn respektvoll mit Rabbi an und zeigte ihm so seine Bereitschaft, von ihm zu lernen!

Darin ist er uns ein grosses Vorbild. Egal, wie gelehrt wir sind, wie viele theologische Studien wir betrieben haben, wie hoch wir in der kirchlichen Hierarchie stehen – von Jesus können wir alle immer noch etwas lernen. Aber auch wenn wir es nicht auf Jesus persönlich beziehen, sondern auf andere Mitchristen, gilt das: Selbst wenn wir studiert haben (vielleicht sogar Theologie), können wir von jemandem ohne jede Ausbildung, der vielleicht sogar Analphabet ist, etwas über Jesus lernen! Denn vielleicht hat genau diese Person von Gott eine Erkenntnis geschenkt bekommen, die uns noch fehlt und die er uns genau über diese Person zukommen lassen will! Das braucht zugegebenermassen Demut. Genau das, was auch Nikodemus haben musste, um Jesus aufzusuchen.

Warum wollte Nikodemus von ihm lernen? Was machte Jesus für ihn so besonders? Stoff, der in der Ausbildung behandelt wurde, konnte es ja nicht sein! Nikodemus und einige seiner Parteigenossen hatten durch die Wunder, die Jesus getan hatte, erkannt, dass Gott hinter ihm stand. Dass er von Gott als Lehrer gesandt sein musste. Als Lehrer, der Gottes Wille kundtat. Und genau das ist die Definition eines Propheten: Er tut Gottes Wille kund – für die Gegenwart und auch die Zukunft. Er hatte Jesus also durch reine Logik und gesunden Menschenverstand als Propheten eingestuft.

Reichte denn das, Jesus als Propheten zu sehen? Nein, aber wenn jemand so offen war, so viel lernen wollte und schliesslich zu der höchsten Erkenntnis kam, zu der ein Mensch ohne göttliche Hilfe überhaupt kommen konnte, dann war Jesus sehr gerne bereit, ihn weiter zu belehren, ihn als Schüler anzunehmen.

Das gilt auch heute noch: Wenn wir aufrichtig von Jesus lernen und die Bibel verstehen wollen, dann wird uns Gott auch Erkenntnisse schenken – selbst wenn wir ihn zu dem Zeitpunkt nicht als unseren Retter sehen. Wenn wir sie nur durchlesen, um Widersprüche zu entdecken und Argumente gegen Jesus zu finden, wird Gott sich wohl uns auch verschliessen.

2 – Jesus schenkt Nikodemus weitere Erkenntnis

»Darauf erwiderte Jesus: ›Ich versichere dir, Nikodemus: Wer nicht neu geboren wird, kann Gottes Reich nicht sehen und erleben.‹« (Joh 3,3)

Jesus freute sich sehr über die Erkenntnis von Nikodemus. Aber er machte ihm auch klar, dass er noch weit von der Wahrheit entfernt war. Egal wie weise und gelehrt er war, zur vollen Wahrheit konnte er als Mensch nicht gelangen. Denn er wurde ein einziges Mal von einem Menschen geboren, seiner Mutter. Er war dadurch auch ganz gefallener, sündiger Mensch, der Gott von sich aus nicht erkennen konnte. Das kann nur der, der neu, oder wie es wörtlich hier steht »von oben her« geboren worden ist. Nur der kann Gott erkennen und ihn und seine Herrschaft auch selbst erleben.

Eine Geburt »von oben her« – was soll das sein? Diese Frage stellte sich auch Nikodemus:

»Verständnislos fragte der Pharisäer: ›Wie kann jemand neu geboren werden, wenn er schon alt ist? Er kann doch nicht wieder in den Mutterleib zurück und noch einmal auf die Welt kommen!‹« (Joh 3,4)

Eine Geburt geschieht am Anfang des Lebens, durch eine Mutter. Das ist menschliche Erfahrung. Nikodemus war schon ein älterer Herr. Er fragte sich jetzt natürlich ernsthaft, ob er, weil er bereits als Mensch auf die Welt gekommen war, überhaupt in Gottes Reich gelangen konnte! Sein Leben lang hatte er als treuer Pharisäer das Gesetz studiert und versucht, sich detailgetreu daran zu halten. Und nun sagte ihm Jesus, dass alles umsonst war? Dass er niemals bei Gott sein dürfe? Dass er nicht ausreichte, um Gott zu genügen, weil er als normaler Mensch geboren wurde? Das bewegte ihn sichtlich sehr.

»›Ich versichere dir‹, entgegnete Jesus, ›nur wer durch Wasser und durch Gottes Geist neu geboren wird, kann in Gottes Reich kommen! Ein Mensch kann immer nur menschliches Leben her-

vorbringen. Wer aber durch Gottes Geist geboren wird, bekommt neues Leben. Wundere dich deshalb nicht, dass ich dir gesagt habe: ‚Ihr müsst neu geboren werden.'« (Joh 3,5-7)

Immer deutlicher wird, dass es sich um eine Geburt von Gott her handelt. Es ist also eine geistliche Geburt, die nichts mit der menschlichen Geburt und einem Mutterleib zu tun hat. Diese neue, zweite Geburt, geschieht durch Wasser und Geist. Schon Johannes der Täufer hatte gesagt, der Messias werde mit Geist taufen. Gemeint war der Heilige Geist, den Jesus seinen Nachfolgern kurz vor seinem Tod versprochen hat. Damit der Heilige Geist aber in einem Menschen wohnen kann, muss derjenige vorher gereinigt werden. Denn das Heilige kann nicht in Sündern wohnen – es braucht eine heilige Umgebung. Und genau dafür steht das Wasser: Es ist Symbol für die Reinigung des Menschen und dies wird durch die Taufe bildlich dargestellt. Die Taufe allein bringt allerdings nichts, erst durch den Geist wird man ein neuer Mensch, wie neu geboren. Durch den Geist ist dieser Mensch dann mit Gott verbunden. Er kann mit ihm reden, er kann ihn in der Natur, in Taten und Worten erkennen – einfach mit ihm Gemeinschaft haben. Diese Gemeinschaft hält auch nach dem Tod noch an und dauert bis in alle Ewigkeit.

Es ist der Geist, der neu macht. Wir können uns noch so sehr anstrengen, so zu leben, wie es Gott gefällt. Wir können Gott niemals gerecht werden, weil wir nicht fehlerlos sind wie er. Nicht einmal die Pharisäer mit ihren zusätzlichen Gesetzen. Diese Reinigung kann nur »von oben her«, von Gott geschehen.

Genauso können wir auch niemanden ›zum Christen machen‹. Wir können noch so oft Leute in den Gottesdienst einladen, mit ihnen über Jesus sprechen, ihnen das Evangelium erklären – bekehren können wir dadurch niemanden!

Noch etwas ist interessant an Jesu Antwort: »*Ihr* müsst neu geboren werden.« Jesus nahm sich selbst davon aus. Er brauchte diese Wiedergeburt nicht, weil er bereits bei der ersten Geburt von oben her geboren wurde, durch den Geist! Er war deshalb von Anfang an fehlerlos und konnte mit Gott

Gemeinschaft haben. Er als Einziger brauchte keine Erlösung. Und das war etwas, was ihn von allen Propheten, die aufgetreten waren, unterschied. Jesus sagte Nikodemus hier, dass er mehr war als ein Prophet: Gottes Sohn, der Messias. Nikodemus war so intelligent und gebildet, dass er das auf jeden Fall verstand – ob er es auch innerlich annahm, das steht auf einem anderen Blatt!

Nur, weil er eine so hohe Position im Hohen Rat innehatte, so gebildet und ein so geachteter Lehrer war, bedeutete das nicht, dass er zu denen gehörte, die gereinigt wurden und den Heiligen Geist bekamen! Es ist nicht klar, dass vor allem die Pharisäer, die Gelehrten, die das intellektuell verstanden, gerettet wurden, und das gemeine Volk nicht. Dies zeigte Jesus ihm durch einen Vergleich:

»Es ist damit wie beim Wind: Er weht, wo er will. Du hörst ihn, aber du kannst nicht erklären, woher er kommt und wohin er geht. So ist es auch mit der Geburt aus Gottes Geist.« (Joh 3,8)

Das Wort für »Wind« ist im Aramäischen das gleiche wie für »Geist«; deshalb eignete sich dieser Vergleich sehr gut. Den Wind haben wir Menschen nicht unter Kontrolle. Heutzutage können wir zwar sehr viel über die Bildung von Winden sagen und erklären, wie sie entstanden sind. Aber nicht einmal wir heute können den Wind als Ganzes kontrollieren, ihm Befehle geben, wo er wehen soll und wo nicht. Und genauso ist es mit dem Heiligen Geist. Er macht, was er will, beziehungsweise gehorcht nur Gott. Es steckt keine menschliche Logik dahinter, auf welchen Menschen er kommt und auf wen nicht. Es ist nicht eine bestimmte Gruppe, Partei, Rasse, Geschlecht oder Alter. Wie den Wind sehen wir den Geist auch nicht, aber sehr wohl seine Auswirkung. Wir spüren den Wind ja auch, wenn er gerade weht.

Wir sehen zwar einem Menschen rein äusserlich nicht an, dass er Christ ist, weil wir den Heiligen Geist nicht sehen können. Aber trotzdem ist es möglich, Christen zu erkennen. Und das sollte auch so sein. Denn die Auswirkung des Heiligen Geistes kann nicht ausbleiben, sofern man sie nicht immer wieder unterdrückt. Unterdrücken könnte man sie zum Beispiel dadurch, dass man immer wieder absichtlich etwas tut, von dem man genau weiss, dass Gott es nicht möchte. Oder indem man weder Bibel liest, betet, noch den Gottesdienst besucht. Wenn man dem Heiligen Geist jedoch Raum gibt zu wirken, dann kann sich auch die sogenannte Frucht des Heiligen Geistes entfalten: *»Liebe, Freude und Frieden; Geduld, Freundlichkeit und Güte; Treue, Nachsicht und Selbstbeherrschung.«* (Galater 5,22-23) Und genau daran sollte man Christen erkennen.

Eine grosse Frage bleibt jedoch: Das Wasser ist symbolisch für die Reinigung von Schuld. Wie kann ein Symbol uns in der Realität vor Gott rein machen?

3 – Jesus schenkt die Reinigung durch seinen Tod am Kreuz

Dem normalen Volk konnte Jesus nicht so vertieft Dinge erklären, aber mit Nikodemus konnte er diese Frage erörtern, indem er sich auf die Heilige Schrift bezog, die Nikodemus bestens kannte. Jesus griff sich eine Geschichte aus dem 4. Buch Mose heraus, die versteckt auf den Messias hinwies:

»›Du weisst doch, wie Mose in der Wüste eine Schlange aus Bronze an einer Stange aufrichtete, damit jeder, der sie ansah, am Leben blieb.« (Joh 3,14a)

Damals geschah Folgendes: Israel hatte die Geduld verloren und klagte Gott an, denn noch immer wanderten sie in der Wüste umher, anstatt im verheissenen Land zu wohnen. Als Strafe für ihre Klage schickte Gott giftige Schlangen, die die Israeliten bissen, sodass sie starben. Die Rabbiner deuteten diese Strafe später so, dass Israel von der Schlange im Garten Eden, die Adam und Eva zur Sünde verführte, nicht abgeschreckt worden war, nichts aus der Situation damals gelernt hätte. Sie verhielten sich kein bisschen anders als die Schlange, also der Teufel. Auch er klagte Gott an, anstatt ihm zu vertrauen. Als die Israeliten dann ihre Schuld eingesehen und um Verzeihung gebeten hatten, machte Mose auf Gottes Befehl hin eine Schlange aus Bronze, die er an einer Stange aufhängte. *»Wer gebissen wurde und zu der Schlange schaute, war gerettet.«* (4. Mose 21,9b) Auch den Rabbinern, die über diese Geschichte nachdachten, war klar, dass nicht die gebastelte Schlange die Menschen gerettet hatte, sondern das hilflose, vertrauensvolle Hochblicken – nämlich zu Gott.

Warum konnten die Israeliten denn nicht einfach ohne diese Schlange vertrauensvoll zu Gott beten? Gott brauchte doch kein Bildnis, um heilen zu können?! Genau an diese Frage knüpfte Jesus nun an: Der einzige Grund dafür war der, dass diese Geschichte auf den Messias hinweisen sollte. Menschen können nicht direkt zu Gott beten, sondern es braucht einen Vermittler. Damals war es symbolisch die Schlange, aber tatsächlich ist dies der Messias:

»Genauso muss auch der Menschensohn erhöht werden, damit jeder, der glaubt, durch ihn das ewige Leben hat.«
(Joh 3,14b-15)

»Menschensohn« ist ein Titel des Messias aus dem Buch Daniel. Jesus nannte sich selbst oft so, weil es verborgener war als wenn er sich direkt Messias genannt hätte. Ausserdem zeigte der Begriff sehr gut, dass er als Einziger so ›Mensch‹ war, wie Gott den Menschen haben wollte. Erhöht wurde Jesus schliesslich, als er ans Kreuz gehängt wurde, also fast wie an eine Stange. Er ist dieser Vermittler, auf den die Menschen hilfesuchend und vertrauensvoll blicken können, wenn sie schuldig geworden sind. Durch ihn wird Gott ihnen die Schuld vergeben und sie rein machen. Sie werden durch diese Reinigung nicht nur für einen kurzen Moment rein (so wie bei der Schlange damals), sondern für immer, weil sie danach den Heiligen Geist empfangen, der immer bei ihnen bleiben wird. Bis in Ewigkeit.

Wir brauchen auch heute noch diesen Vermittler. Ohne Jesus zu kennen und an ihn zu glauben, können wir nicht zu Gott beten. Aber ich weiss aus eigener Erfahrung: Wenn jemand aufrichtig Gott sucht, ihn um etwas bittet, obwohl er Jesus noch nicht kennengelernt hat, dann hört Gott ihm zu – durch die Vermittlung Jesu, auch wenn sie erst einseitig von Jesus her hergestellt ist. Gott wird es in diesem Fall so führen, dass man Jesus kennenlernen wird! Und dann muss man natürlich die Entscheidung für oder gegen ihn treffen, das bleibt niemals aus.

Warum aber sollte Jesus, der mit Gott eine so gute Gemeinschaft hatte, sich nicht gegen den Weg ans Kreuz wehren wollen? Und warum sollte Gott das zulassen? Schliesslich gehorchten ihm die Menschen ja überhaupt nicht, sondern taten, was sie wollten und folgten darin mehr dem Teufel als Gott. Die Menschen waren durch den Sündenfall quasi Gottes Feinde geworden – und jedesmal, wenn ein Mensch sich falsch verhält, bestätigt er diese Feindschaft. Warum also sollte Jesus sein Leben aufgeben, um seine Feinde zu retten?

»Denn Gott hat die Menschen so sehr geliebt, dass er seinen einzigen Sohn für sie hergab. Jeder, der an ihn glaubt, wird nicht zugrunde gehen, sondern das ewige Leben haben.« (Joh 3,16)

Die Antwort ist kurz und bündig: Aus Liebe. Gott hat uns Menschen erschaffen und er liebt jeden von uns innig! Wir können noch so viele aus dem Zusammenhang gerissene Bibelstellen zitieren, um Gott als grausam darzustellen – nichts kommt gegen diesen Vers an! Ja, Gott kann grausam sein, weil er das Böse hasst. Er hasst auch die Sünde, *»sexuelle Unmoral, sittenloses und ausschweifendes Leben, Götzenanbetung, abergläubisches Vertrauen auf übersinnliche Kräfte, Feindseligkeit, Streit, Eifersucht, Wutausbrüche, hässliche Auseinandersetzungen, Uneinigkeit und Spaltungen, Neid, Trunksucht und Fressgelage.«* (Galater 5,19b-21a) – aber: Er liebt die Sünder. Er liebt die Menschen, die neidisch sind, die Alkoholiker, die Streithähne, die Esoteriker, die Jähzornigen und die Prostituierten. Machen wir diese Unterscheidung auch?

Jeder Mensch, der auf den Gekreuzigten schaut und glaubt, dass er für ihn gestorben ist, wird das Gericht Gottes heil überstehen. Trotz seiner Schuld. Denn Gott sieht nur den Heiligen Geist, der in uns wohnt. Er sieht einen sündlosen, heiligen Menschen vor sich, der ihm völlig entspricht; der mit ihm die Ewigkeit verbringen kann.

Nikodemus kam, um von Jesus, dem Propheten, zu lernen. Und er erfuhr so viel mehr, als er sich je erträumt hätte: Kein Mensch kann selbst irgendetwas tun, um vor Gott gerecht zu werden, ja, ihn auch nur erkennen zu können. Das kann nur der, der durch den Heiligen Geist wiedergeboren wird. Und das setzt Jesu Tod voraus. Jesus würde also sterben – und der Hohe Rat war das Organ der Juden, das Menschen verurteilen und an die Römer überweisen konnte, damit diese dann das Todesurteil beschliessen konnten. Nikodemus musste sich entscheiden, ob er Jesu Geschenk annehmen wollte oder nicht. Aber seine Entscheidung betraf letztlich nicht nur sich selbst, sondern sehr viel mehr: Würde er sich gegen seine Kollegen im Hohen Rat stellen oder würde er mit den anderen zusammen das Urteil gegen Jesus sprechen?

Wir lesen sehr viel später, dass Nikodemus sich tatsächlich für Jesus entschied. Er sprach im Hohen Rat für ihn, auch wenn es freilich nichts nützte, und er war an Jesu Beerdigung beteiligt.

Je mehr Einfluss wir in Politik, Kirche oder in einer Firma haben, desto wichtiger ist es, uns richtig zu entscheiden. Desto weitreichender sind die Konsequenzen. Aber für uns persönlich ist die Entscheidung immer lebenswichtig, egal wo wir hierarchisch stehen. Wie entscheidest Du dich?

Das Wasser des Lebens

Auch wenn man kein Rassist ist, hat man ja gewisse Vorlieben oder Abneigungen gegen bestimmte Landsmänner – das ist einfach menschlich und ergibt sich aus den Erfahrungen, die man mit ihnen gemacht hat. Nun denke an eine Person der für Dich ›schlimmsten‹ Nationalität. Und stell Dir vor, Gott würde Dir den Auftrag geben, genau zu einer solchen Person hinzugehen und mit ihr ein Gespräch anzufangen. Braucht Überwindung, oder?

Genau das hat Gott Jesus als Aufgabe gegeben.

1 – Jesus bricht die übliche Grenze

Jesus hatte Jerusalem und auch die Provinz Judäa verlassen, weil die Situation für ihn immer ungemütlicher wurde. König Herodes hatte Johannes den Täufer verhaften lassen, weil der ihm zu unangenehm wurde mit seinem Drang, allen – auch ihm – ihre Schuld zu offenbaren. Der Hohe Rat musste die Situation deshalb noch genauer prüfen, um keinen Streit mit Herodes zu bekommen: Und sie sahen, dass Jesus sogar noch mehr Anhänger als Johannes bekommen hatte. Unternommen hatten sie zwar noch nichts gegen ihn, aber es lag eine Spannung in der Luft, die Jesus zurück nach Galiläa ziehen liess. Sein Weg führte ihn durch das verhasste Samarien, an einem Dorf namens Sychar vorbei. Verhasst waren die Samariter den Juden deshalb, weil ihre israelitischen Vorfahren sich Jahrhunderte zuvor mit den Assyrern vermischt hatten. Deshalb hatten sie auch nicht mithelfen dürfen, den Tempel in Jerusalem wieder aufzubauen. Sie bauten sich einen eigenen Tempel auf dem Berg Garizim, wodurch sie für die Juden erst recht als abtrünnige Irrlehrer galten – denn Gott hatte ganz klar Jerusalem als ›Wohnort‹ bestimmt. Es war durchaus üblich, dass Juden, wenn sie nach Jerusalem zogen oder wieder zurück in ihre Heimat, Samarien durchwanderten. Sie hätten sonst einen zu grossen Umweg machen müssen. Man mied dabei aber tunlichst jeden Kontakt.

Es war Mittagszeit, es war heiss, Jesus und die Jünger waren weit gewandert und müde. Während die Jünger in die Stadt Sychar gingen, um etwas zu essen zu besorgen, ruhte sich Jesus an einem Brunnen, der in Stadtnähe war, aus. Nicht, dass Jesus faul gewesen wäre oder sich von den Jüngern gerne bedienen liess! Nein – Gott hatte ihm eine andere Aufgabe zugewiesen.

»Da kam eine Samariterin aus der nahe gelegenen Stadt zum Brunnen, um Wasser zu holen.« (Joh 4,7a)

Es war üblich, dass die Frauen aus der Stadt zum Brunnen mussten, um Wasser zu schöpfen. Sie taten das gewöhnlich frühmorgens und dann abends wieder – wenn die heisse Sonne nicht so brannte, denn Schatten gab es am Brunnen kaum und das Schleppen der schweren gefüllten Wasserkrüge war auch kein Zuckerschlecken.

Diese Frau jedoch ging ausgerechnet zur heissesten Mittagszeit zum Brunnen. Der einzige Grund war wohl der, dass sie die Gesellschaft der anderen Frauen unbedingt meiden wollte. Und wenn man etwas weiter liest, entdeckt man, dass das durchaus daran liegen konnte, dass sie eine stadtbekannte Sünderin war, die dem Gespött entgehen wollte. Gerade in einem Dorf kann das sehr grausam sein!

»Jesus bat sie: ›Gib mir etwas zu trinken!‹ Denn seine Jünger waren in die Stadt gegangen, um etwas zu essen einzukaufen.« (Joh 4,7b-8)

An dieser auf den ersten Blick so verständlichen und einfachen Frage sind gleich drei Dinge speziell: 1. Jesus als Mann sprach eine Frau an, die nicht seine Ehefrau war. Das tat man einfach nicht. 2. Jesus als Jude sprach eine Samariterin an, eine Abtrünnige, eine Feindin. Auch das vermied man tunlichst. 3. Jesus als Gottes Sohn, als jüdischer Rabbi, sprach eine stadtbekannte Sünderin an. Von denen hielt man sich als guter Jude erst recht lieber fern. Jesus blieb also keineswegs in den damals üblichen Grenzen. Da er ganz jüdisch erzogen worden war, war es sicher auch für ihn selbst eine nicht gerade angenehme Aufgabe – menschlich gesehen. Auch wenn er als Sohn Gottes alle Menschen liebte, auch die Samariter, und es deshalb gerne tat.

Wir haben leider noch viel mehr nur diese menschliche Seite an uns. Es kostet uns Überwindung, aus unseren Wohlfühlbereichen auszubrechen und Dinge zu tun, die uns unangenehm sind. Diese Wohlfühlzone hört bei jedem woanders auf. Für jemanden ist es nicht einmal ein Problem, mit einem übel riechenden Bettler den Kontakt zu suchen, für einen anderen endet der Bereich, wenn man sich mit einer muslimischen Frau mit Kopftuch unterhalten sollte, und für wieder andere kostest es bereits eine enorme Überwindung, mit dem Nachbarn über das Evangelium zu sprechen. Wo endet Deine Wohlfühlzone? Und könntest Du Dir vorstellen, wie Jesus die Grenze zu überschreiten, um so Gott zu dienen?

»Die Frau war überrascht, denn normalerweise wollten die Juden nichts mit den Samaritern zu tun haben. Sie sagte: ›Du bist doch ein Jude! Wieso bittest du mich um Wasser? Schliesslich bin ich eine samaritische Frau!‹« (Joh 4,9)

Auch für die Frau war die Situation zuerst einmal ungewohnt und deshalb auch etwas unangenehm. Auch ihre Wohlfühlzone wurde durchbrochen! Sie war nicht wütend, sondern wirklich neugierig, was das bedeuten sollte. Denn andernfalls hätte Jesus ihr anders geantwortet.

Wenn wir unsere Wohlfühlzone verlassen und das Gespräch mit fremden Menschen suchen, ist das heute nicht mehr üblich – gerade in einer Stadt nicht. Schon, wenn man jemandem Fremdem »Guten Tag!« wünscht, erntet man oft einen schiefen Blick. Aber daraus können sich manchmal auch gute Gespräche ergeben, gute Gelegenheiten, über Jesus zu sprechen!

Auch die Bitte, die Jesus an die Frau hatte, sollte sie nur neugierig machen und ein Gespräch ins Rollen bringen. Er brauchte das Wasser nicht von ihr. Er hätte sich jederzeit Wasser beschaffen können. Er brauchte den Kontakt mit Menschen, er suchte immer wieder das Gespräch!

2 – Jesus bietet lebendiges Wasser an

»Jesus antwortete ihr: ›Wenn du wüsstest, was Gott dir geben will und wer dich hier um Wasser bittet, würdest du mich um lebendiges Wasser[3] bitten. Und ich würde es dir geben.‹«
(Joh 4,10)

Nicht Jesus brauchte etwas von ihr, sondern sie von ihm. Nur verstand sie das noch nicht, denn sie hatte auch noch keine Ahnung, dass der Messias vor ihr stand. Jesus konnte (und wollte!) ihr nicht nur das normale Wasser geben, das er von ihr erbat, sondern »lebendiges Wasser«. Dazu muss man Folgendes wissen: Wenn Wasser in einer Zisterne oder einem Brunnen gelagert wurde, dann wurde es »Wasser« genannt. Wurde der Brunnen jedoch von einer Quelle gespeist und so andauernd erneuert, sprach man von »lebendigem Wasser«. Es war ja quasi noch lebendig, indem es sich ständig erneuerte, und nicht tot wie das in der Zisterne, das langsam immer älter und ungeniessbarer wurde. Auch dieser Brunnen bei Sychar hatte lebendiges Wasser in sich. Da der Brunnen das einzige Wasser weit und breit war, das sie sehen konnte, musste Jesus wohl dieses meinen, das er ihr schöpfen wollte. Da drängte sich ihr aber eine Frage auf:

»›Aber Herr‹, meinte da die Frau, ›du hast doch gar nichts, womit du Wasser schöpfen kannst, und der Brunnen ist tief! Wo willst du denn das Wasser für mich hernehmen? Kannst du etwa mehr als Jakob, unser Stammvater, der diesen Brunnen gegraben hat? Er selbst, seine Söhne und sein Vieh haben schon daraus getrunken.‹« (Joh 4,11-12)

Jesus sass da am Brunnen, ohne Kessel, ohne Krug, ohne Schöpfgerät. Wie sollte er ihr das Wasser denn geben können?

Für die Samariter war Jakob als Stammvater sehr wichtig. Wir wissen heute nicht mehr, ob dieser Brunnen tatsächlich

---

[3] Die Hoffnung für Alle übersetzt hier: »Wasser, das du wirklich zum Leben brauchst.«

von Jakob gegraben worden war – im Alten Testament lesen wir davon nichts. Offenbar behauptete dies aber die samaritische Überlieferung. Jakob brauchte dazu auf jeden Fall Hilfsmittel – Schaufel und Pickel. Wenn Jesus ihr auf magische Weise ohne Schöpfgeräte Wasser geben wollte, dann müsste er ja besser als Jakob sein, also ein gewaltiger Prophet. Da Jesus überhaupt nicht darauf einging – und das wäre ja ein perfekter Anknüpfpunkt für ihn gewesen, seine Messianität zu erklären – hatte sie dies wohl in einem sehr ironischen Ton gesagt. Sie rechnete überhaupt nicht damit, dass es möglich war. Aber sie war neugierig und offen, deshalb sprach Jesus weiter.

»Jesus erwiderte: ›Wer dieses Wasser trinkt, wird bald wieder durstig sein. Wer aber von dem Wasser trinkt, das ich ihm gebe, der wird nie wieder Durst bekommen. Dieses Wasser wird in ihm zu einer nie versiegenden Quelle, die ewiges Leben schenkt.‹« (Joh 4,13-14)

Er ging mit keinem Wort auf ihre ironische Frage ein, sondern beantwortete ihr stattdessen die andere Frage, die sie bis jetzt noch gar nicht ausgesprochen hatte: Warum sollte er ihr überhaupt Wasser schöpfen? Das war Frauenarbeit. Und Wasser blieb doch Wasser, oder? Wenn sie Jesus Wasser aus dem Brunnen schöpfte, dann konnte er seinen Durst stillen und sich abkühlen. Daran war nichts verkehrt – im Gegenteil. Dieses Wasser war sehr wichtig. Das Durstgefühl ist eine Warnung an den Körper, dass er zu wenig Flüssigkeit in sich hat und dass er, wenn er daran nichts ändert, krank werden und schliesslich sterben wird. Aber es gibt noch einen anderen Durst, der viel wichtiger ist: Der Körper warnt den Menschen durch eine (oft unbestimmte) Sehnsucht, dass ihm etwas Lebenswichtiges noch fehlt. Nämlich die Beziehung zu Gott, die Geborgenheit und Liebe schenkt! Jeder Mensch hat diese Sehnsucht in sich. Egal wie reich, wie erfolgreich, wie mächtig jemand ist – ohne Gott fehlt ihm einfach etwas zum glücklich sein. Deshalb gibt es so viele Religionen, Esoteriker und Philosophen. Sie alle suchen nach diesem Etwas, das Erfüllung schenkt. Und Jesus kann dieses Etwas schenken! Nämlich das lebendige Wasser, den Heiligen Geist, der eine Beziehung mit Gott wieder ermöglicht.

Der Heilige Geist wird selbst zu einer Quelle, die nie versiegt. Jeden Tag erhält er die Beziehung mit Gott aufrecht, jeden Tag wird dadurch diese Sehnsucht gestillt. Deshalb bekommt man auch nur einmal den Heiligen Geist – er muss nicht erneuert werden, weil er selbst eine Quelle ist. Das heisst auch, dass wir nicht mit ihm haushalten müssen. Wir dürfen und sollen verschwenderisch mit ihm umgehen und von ihm Gebrauch machen, so oft wir wollen. Wir nutzen ihn dadurch nicht ab – im Gegenteil. Je mehr wir ihm Raum geben in unserem Leben, desto stärker wirkt er in uns.

Durch den Heiligen Geist haben wir – wie wir bei Nikodemus schon gesehen haben – das ewige Leben. Denn Gott sieht im Gericht nur das Heilige, das in uns wohnt. Das, was ihm gleicht und mit ihm Gemeinschaft haben kann. Deshalb richtet er diese Menschen nicht nach ihren eigenen Taten (die auch bei Christen nicht gottgleich und fehlerlos sind)!

»›Dann gib mir von diesem Wasser, Herr‹, bat die Frau, ›damit ich nie mehr durstig bin und nicht immer wieder herkommen und Wasser holen muss!‹« (Joh 4,15)

Die Frau hatte zu Jesus Vertrauen gefasst. Von der anfänglichen Zurückhaltung und dem Abstand zwischen ihnen war nichts mehr zu spüren. Sie bat ihn nun tatsächlich um dieses Wasser. Sie glaubte, dass Jesus es ihr geben konnte, selbst ohne Schöpfgeräte. Sie traute ihm also Grosses zu! Aber: Ihre Vorstellung war weit von der Wahrheit entfernt. Sie dachte, dass sie durch das Wasser von Jesus nie mehr das Wasser dieses Brunnens schöpfen und trinken müsste. Sie hatte die Hoffnung, dass sie dem Gespött nie mehr ausgesetzt sein würde. Sie sah in Jesus also so etwas wie einen Zauberer, der dies bewirken konnte.

Wie würdest Du auf eine solche Frau reagieren, wenn sie in die Gemeinde käme und solche Vorstellungen verbreiten würde? Ich denke, die meisten Christen würden ihr sofort sagen, dass sie eine völlig falsche Theologie habe. Manche auf ganz liebevolle Art, andere von oben herab. Einige sagen vielleicht sogar, dass sie eher Esoterikerin oder Sektiererin sei und in der Gemeinde nichts verloren habe ... Empört und vielleicht voller Mitleid, dass sie den wahren Glauben nicht hat, würden sich einige auch von ihr abwenden, nichts mit ihr zu tun haben wollen.

Was tut aber Jesus?

3 – Die Bedingung dafür ist die Bereitschaft zur Reinigung

»Jesus entgegnete: ›Geh und ruf deinen Mann. Dann kommt beide hierher!‹ ›Ich bin nicht verheiratet‹, wandte die Frau ein. ›Das stimmt‹, erwiderte Jesus, ›verheiratet bist du nicht. Fünf Männer hast du gehabt, und der, mit dem du jetzt zusammenlebst, ist nicht dein Mann. Da hast du die Wahrheit gesagt.‹« (Joh 4,16-18)

Jesus ging überhaupt nicht auf ihre falsche Vorstellung ein, sondern konzentrierte sich ausschliesslich auf das Wichtigste: Sie sollte den Heiligen Geist empfangen können. Der Wille dazu war da. Aber es gab noch eine Bedingung: Der Heilige Geist kann nur in einen heiligen Menschen kommen, um in ihm zu wohnen. Die Frau konnte sich nicht selbst reinigen, das tat Jesus, indem er für sie und ihre Schuld sterben würde. Aber sie musste als allererstes erkennen, dass sie die Reinigung durch Jesus überhaupt nötig hatte! Ein Mensch, der von sich selbst überzeugt ist, will Jesu Geschenk gar nicht. Der hat nicht das Gefühl, Gottes Gnade zu brauchen. Die Frau musste keineswegs perfekt sein, um den Heiligen Geist zu empfangen, sie musste nur wissen, dass sie nicht perfekt war und die Erlösung annehmen, die Jesus ihr hinhielt.

Auch wir sollten uns deshalb bei einem interessierten Menschen auf das Wichtigste konzentrieren: Er muss einsehen, dass er schuldig ist vor Gott und Erlösung braucht. Dann möchte er Jesus nämlich kennenlernen und die Vergebung von ihm annehmen. Wir sollen aber nicht von ihm verlangen, dass er hier und jetzt sein Leben in Ordnung bringt, sich von seiner

Freundin trennt, mit der er unverheiratet zusammenlebt, das Rauchen aufgibt und nicht mehr flucht. Dies alles zu ändern ist äusserst schwierig – selbst wenn man den Heiligen Geist hat!! Wir können das nicht von einem Menschen verlangen, der ihn noch nicht hat! Wir schrecken die Menschen so nur ab – und sie werden durch unsere Lieblosigkeit Jesus gar nicht erst kennenlernen.

Natürlich konnte die Frau auf Dauer nicht so weiterleben, sie musste ihr Leben ganz klar verändern und in Ordnung bringen. Aber das war erst der zweite Schritt! Zuerst musste sie ihre Schuld eingestehen. Und selbst das fiel ihr noch schwer, wie wir sehen: Sie wich dem nämlich aus – sie hätte ja gleich sagen können: »Nein, ich bin nicht verheiratet, ich lebe nur so mit einem Mann zusammen.« Das zeigte, dass sie sich ihrer Schuld sehr wohl bewusst war. Sie schämte sich dafür. Aber sie vor anderen offen zuzugeben war noch einmal schwieriger.

Das Konkubinat war damals nicht üblich. Der Lebensgefährte nutzte sie wirtschaftlich und sexuell aus. Er stand nicht zu ihr, sonst hätte er sie geheiratet. Als Frau hatte sie so keinerlei Rechte. Sie war einsam und galt wohl eben als ›Dorfschlampe‹. In den wenigsten Fällen ist ein Mensch mit einem sündigen Leben wirklich glücklich und zufrieden. Die Gebote Gottes sind ja dazu da, uns zu schützen und unser Leben lebenswert zu machen. Wenn man zu viele davon ständig übertritt, kann das nur zu einem unglücklichen Leben führen. Gerade deshalb hatte Gott diese Frau ausgesucht und Jesus den Auftrag gegeben, sie zu ihm zu führen: Sie kannte ihre Schuld und war damit nicht glücklich.

Sobald sie den Heiligen Geist hatte, würde er ihr sagen, was zu tun war. Die fünf Männer, die sie früher hatte, diese Schuld war ihr vergeben, das war nicht mehr zu ändern. Aber die Beziehung, in der sie im Moment stand, die musste sie beenden – oder den Mann heiraten, wenn er das wollte.

Ob sie den Schritt zu Jesus dann tatsächlich tat, wissen wir nicht. Wir wissen nur, dass Jesus ihr im Verlauf des Gesprächs ganz klar sagte, dass er der erwartete Messias war. Anschliessend ging sie allerdings ins Dorf zurück und sagte dort: »Ich habe vielleicht den Messias getroffen.« Sie war sich also nicht ganz sicher. Andererseits hatte sie ihren Wasserkrug am Brunnen gelassen, obwohl es sehr heiss war. Das irdische Wasser war ihr in dem Moment nicht mehr so wichtig, in ihrem Kopf hatten andere Gedanken den zentralen Platz eingenommen. Auch, dass sie zu den Dorfbewohnern ging, die sie sonst immer mied, zeigte, dass Jesus ihr wirklich wichtig war.

Ob sie selbst Jesu Jüngerin wurde oder nicht, wird nicht gesagt. Aber: Durch ihr Zeugnis, und war es auch noch so unklar und zweifelnd, kamen viele Leute in Sychar zum Glauben an Jesus!

Wieviel mehr muss dann ein klares Zeugnis von wiedergeborenen Christen bewirken?!

Eine folgenschwere Entscheidung

Wer sich eine Zeitung fest abonnieren möchte, der muss sich in der Regel nicht sofort entscheiden. Er bekommt ein Probe-Abo für ein paar Wochen, und dies meistens zu einem viel günstigeren Preis. Auch wer sich vorgenommen hat, in ein Fitnesscenter zu gehen, bekommt dort zuerst ein Probetraining – oft kostenlos.

In diesem Status ›auf Probe‹ befanden sich zu diesem Zeitpunkt auch die Jünger Jesu. Sie hatten mit Jesus schon einiges erlebt und von ihm gelernt, aber sie hätten jederzeit davongehen oder sich weigern können, einen Auftrag, den Jesus für sie hatte, zu befolgen. Es kostete sie nur etwas Zeit. Nicht einmal Angriffe von Gegnern mussten sie damals über sich ergehen lassen. Und schliesslich waren Simon, Andreas, Jakobus und Johannes wieder in ihrem Wohnort Kapernaum angekommen, wo sie ihre Arbeit im Familienbetrieb als Fischer fortsetzen konnten. Auch Jesus war mit ihnen dorthin gezogen, denn auch dort gab es für ihn genug zu tun.

1 – Jesus geht dahin, wo er gebraucht wird

»Eines Tages stand Jesus am See Genezareth, und eine grosse Menschenmenge drängte sich um ihn. Alle wollten Gottes Botschaft von ihm hören.« (Lk 5,1)

Wann genau das stattfand, ist nicht von Bedeutung. Klar ist, dass Jesus auf dem Rückweg nach Galiläa durch Samarien gereist war, wo er mit der stadtbekannten Sünderin über das lebendige Wasser sprach. Dann führte ihn sein Weg über Kana, wo er viele Leute kannte, die teilweise auch seine Anhänger waren. Dort traf er einen Beamten des Herodes, dessen Sohn er heilte. Und schliesslich kam er – mit vielen Menschen, die ihm folgten, in Kapernaum an. Diese Leute waren zwar durch seine Wunder auf ihn aufmerksam geworden, aber sie wollten nicht einfach noch mehr Wunder erleben, sondern sie wollten Gottes Botschaft hören. Sie waren wirklich an ihm interessiert und glaubten, dass er zumindest ein Prophet war, der ihnen Gottes Willen weitergeben könnte.

Normalerweise lehrte ein Rabbi seine Schüler bei sich zu Hause. Aber Jesus lehrte nicht nur einen ausgewählten Jüngerkreis, sondern alle, die sich für seine Worte interessierten. Und deshalb lehrte er draussen, wo die Menschen waren, wo sie Platz hatten. Für gewöhnlich lehrte man im Sitzen, aber Jesus hätte bei diesem Andrang sitzend nicht lehren können – die Menschen hätten ihn weder gesehen noch gehört.

Ja, Jesus blieb nicht in seinem Kämmerlein sitzen, betend und in den Heiligen Schriften forschend. Dies tat er natürlich auch, aber immer wieder ging er nach Draussen, unter die Menschen. Tun wir das auch? Oder verlieren wir uns in unserem ›Christsein‹, indem wir nur noch die Bibel und andere geistliche Bücher lesen und beten? Es ist zwar möglich, dass wir beim Bibellesen oder im Gebet von Gott einen ganz klaren Auftrag erhalten, was wir praktisch tun sollen – aber viel häufiger sehen wir die Not anderer doch, wenn wir rausgehen. Dann kann uns Gott ganz einfach zeigen, wo wir gebraucht werden. Wenn wir mit Menschen Kontakt haben, ins Gespräch kommen und einfach mit offenen Augen durch unsere Welt laufen. Mehr braucht es oft gar nicht.

Nun kamen jedoch immer mehr Menschen, die Jesus hören und sehen wollten. Die Hintersten verstanden sowieso nichts mehr und drängten noch weiter nach vorne, und die Vordersten – allen voran Jesus – wurden fast erdrückt. Dagegen musste Jesus etwas unternehmen.

»Da sah er am Ufer zwei leere Boote liegen. Die Fischer hatten sie verlassen und waren gerade dabei, ihre Netze zu reinigen.« (Lk 5,2)

Da man am See Genezareth nur nachts mit Booten fischte – tagsüber fischte man im seichten Wasser am Ufer – musste es noch Morgen sein. Viele Fischereibetriebe bildeten Genossenschaften mit mehreren Teilhabern, weil die langen Netze mit zwei Booten einfacher zu handhaben waren. Deshalb lagen da zwei Boote am Ufer, die gerade nicht mehr gebraucht wurden.

»Jesus stieg in das Boot, das Simon gehörte, und bat ihn, ein Stück vom Ufer abzustossen. Dann setzte Jesus sich und lehrte vom Boot aus die Menschen.« (Lk 5,3)

Jesus kannte die Boote natürlich und wusste, welches Simon, oder besser gesagt, seiner Familie, gehörte. Das andere gehörte der Familie von Johannes und Jakobus, wie wir später erfahren. Sie bildeten also eine Genossenschaft, die gemeinsam fischte. Es wird klar, dass die vier Männer sich also auch schon gekannt hatten, bevor sie sich zu Johannes dem Täufer aufgemacht hatten.

Vielleicht hatte Jesus gerade diesen vier Männern zuliebe Kapernaum als Aufenthaltsort ausgesucht – denn sie hatten Familie, um die sie sich kümmern mussten. Dass sie solange wegbleiben konnten, zeigt aber, dass der Betrieb auch ohne sie einwandfrei lief. Sie hatten genügend Angestellte, die sie vertraten. Trotzdem war es natürlich schön für sie, wieder einmal ihre Familien zu sehen.

Da Simon mit dem Fischen fertig war, konnte er Jesus ohne weiteres etwas vom Ufer wegfahren. Damit löste Jesus gleich beide Probleme: Der Schall seiner Worte wurde durch das Wasser besser geleitet und so verstärkt, dass mehr Menschen ihn verstehen konnten, und er selbst war ausser Gefahr, erdrückt zu werden.

Wir wissen nicht, ob Jesus zu dem Zeitpunkt schon wusste, wie sein nächster Auftrag lautete, oder ob er den erst nach seinem Lehren bekam, aber eins wird klar: Jesus lehrte zuerst die Leute und beendete seine Lektion, bevor er die nächste Aufgabe in Angriff nahm.

Ich sehe heute immer wieder, wie gerade junge Christen sich viel zu sehr engagieren. Es ist ja schön, wenn es junge Menschen gibt, die etwas für Gottes Reich tun möchten. Aber nur zu oft lassen sie alltägliche Aufgaben einfach schleifen – aus Zeitnot oder auch Energiemangel. Man sollte alles zu seiner Zeit machen, nichts vernachlässigen oder unzuverlässig werden. Spätestens, wenn man merkt, dass genau das passiert, dann sollte man ehrlich sein und auch gewisse Aufgaben abgeben und sagen, dass es einem zu viel ist. Jesus machte viel, aber er hatte Zeit, alles gut zu machen, keinen zu vernachlässigen, zu beten und auch einmal auszuruhen!

2 – Jesus zeigt durch ein Wunder seine Herrlichkeit

»Anschliessend sagte er zu Simon: ›Fahrt jetzt weiter hinaus auf den See und werft eure Netze aus!‹« (Lk 5,4)

Nicht nur Simon sollte hinausfahren, sondern seine ganze Mannschaft. Aber Simon war wohl der leitende Fischer; ausserdem erzählt der Evangelist Lukas die Begebenheit aus der Perspektive des Simon Petrus. Deshalb wird nur er genannt.

Jesus bereitete nun ein Wunder vor, das er an ihnen tun wollte. Wie so oft tat er es aber nicht alleine, sondern wollte, dass die Menschen ihm vertrauten und gehorchten. Dann würden sie ein Wunder erleben! Jesus verstand anscheinend einiges vom Fischfang – ja, er interessierte sich ja für seine Jünger und lernte so viel darüber – denn er wusste, dass man die Schleppnetze nur im tieferen Wasser benutzen kann. Sie mussten also in den See hinaus fahren, um dort auf Fischfang zu gehen.

»›Herr‹, erwiderte Simon, ›wir haben die ganze Nacht hart gearbeitet und nichts gefangen. Aber weil du es sagst, will ich es tun.‹« (Lk 5,5)

Nach menschlichem Ermessen war der Auftrag völlig idiotisch. Wenn sie schon in der Nacht nichts (oder nur sehr, sehr wenig) gefangen hatten, dann würde es am Tag ganz sicher nichts werden. Petrus war erfahrener Fischer im eigenen Familienbetrieb, während Jesus als Fischer totaler Laie war. Aber: Simon hatte Jesus zu dem Zeitpunkt schon eine längere Zeit begleitet. Er hatte erlebt, wie Jesus Wasser in Wein verwandeln konnte, wie Jesus Kranke und Besessene geheilt hatte, mit welcher Autorität er die Schrift auslegen konnte. Er hatte auch gesehen, dass Jesus oft nicht nach menschlich logischen Massstäben handelte und trotzdem Grossartiges vollbringen konnte. Und deshalb setzte er Jesu Wort über seine eigene Erfahrung, über sein Wissen.

Wem vertrauen wir mehr? Unserem Verstand oder Gottes Wort? Ja, es ist völlig unlogisch und unwissenschaftlich, dass Gott die Welt in sechs Tagen erschaffen hat. Können wir Gott trotzdem glauben, wenn er es in der Bibel sagt? Oder die Jungfrauengeburt - unvorstellbar und total schräg. Ist es trotzdem möglich? Und wer trotzdem an der Logik festhalten will: Hat Gott schon einmal gelogen oder Fehler gemacht? Nein. Habe ich mich schon getäuscht, ist mein Verstand zu einem falschen Schluss gekommen? Schon häufig! Entspricht es dann nicht sogar der Logik, Gott mehr zu vertrauen als uns selbst?

»Sie warfen ihre Netze aus und fingen so viele Fische, dass die Netze zu reissen begannen. Deshalb winkten sie den Fischern im anderen Boot, ihnen zu helfen. Sie kamen und bald waren beide Boote bis zum Rand beladen, so dass sie beinahe sanken.«
(Lk 5,6-7)

Schon als Jesus Wasser in Wein verwandelt hatte, hatte er nicht nur Wein, sondern Wein bester Qualität geschaffen. So liess er nun Simon auch nicht einfach einen besseren Fang machen, als er es sich für diese Tageszeit hätte wünschen können. Nein, auch nachts hatte er noch nie einen solchen Fang gemacht! Jesus schenkt immer im Überfluss. Aber der Gehorsam und das Vertrauen ist meistens Voraussetzung dafür. Selten ist es umgekehrt, dass man durch ein erlebtes Wunder erst Vertrauen und Gehorsam lernt.

Auch hier wird das Wunder selbst nicht geklärt: Ob Jesus einfach wusste, dass in dem Moment so viele Fische im See waren? Oder - was wahrscheinlicher ist - hatte Jesus die Fische mit göttlicher Kraft gerufen?

Das Netz war auf jeden Fall um die 15 m lang. Man kann sich kaum vorstellen, wie viele Fische da drin Platz hatten. Zwei Boote wurden damit gefüllt - oder besser gesagt: überfüllt.

Jesus tat niemals Wunder einfach so, um ›bewundert‹ zu werden. Es steckte immer eine Absicht dahinter. So auch hier:

3 – Die Herrlichkeit Jesu lässt Petrus seine Sündhaftigkeit erkennen

»Als Simon Petrus das sah, warf er sich vor Jesus nieder und rief: ›Herr, geh weg von mir! Ich bin ein sündiger Mensch!‹ Er und alle anderen Fischer waren erschrocken und erstaunt über diesen Fang, auch Jakobus und Johannes, die Söhne von Zebedäus, die mit Simon zusammenarbeiteten.« (Lk 5,8-10a)

Schon beim allerersten Kennenlernen hatte Simon gespürt, dass Jesus jemand Besonderes war. Sonst wäre er ihm nicht gefolgt, sondern auf geradem Weg zurück nach Hause gegangen. Durch die vielen Wunder, denen er beiwohnen durfte, hatte er auch erkannt, dass Jesus nicht ein gewöhnlicher Rabbi war. Ja, er hatte ja von Anfang an damit gerechnet, dass Jesus der Messias sein könnte. Schliesslich hatte Andreas ihm Jesus so vorgestellt. Aber erst jetzt, wo das Wunder ihn selbst betraf, wo er als Fischer hundert Prozent sicher sein konnte, dass das nicht auf natürliche Art zu erklären war, wurde Simon so richtig bewusst, was das eigentlich bedeutete, wenn Jesus der Messias war: Er war Gottes Sohn, ja, Gott selbst! Er, Simon, aber, war ein sündiger Mensch, der Fehler machte und vor Gott immer wieder schuldig geworden war. Im 2. Buch Mose sagte Gott zu Mose: *»Mein Gesicht darfst du nicht sehen, denn kein Mensch, der mich gesehen hat, bleibt am Leben!«* (2. Mose 33,20) Kein sündiger Mensch kann mit dem heiligen Gott persönlich Kontakt haben. Und deshalb sagte Simon zu Jesus, er solle doch weggehen – damit er nicht sterben musste!

Wir können jahrelang Jesus ›folgen‹ und von ihm begeistert sein – wenn wir nicht mindestens einmal dieses Gefühl hatten, das Simon überkommen hat, dann sind wir kein echter Nachfolger. Denn wir wissen nicht, was Jesus wirklich für uns getan hat. Wir müssen einmal voller Verzweiflung das Gefühl haben, einfach nur schlecht zu sein. Niemals Gott genügen zu können. Und dann dürfen wir wissen, dass genau diese Sündhaftigkeit durch Jesu Tod am Kreuz von uns genommen werden kann! Ohne das Gefühl, Gottes Gnade zu brauchen, werden wir sie auch nicht erleben.

Übrigens nennt der Evangelist Simon hier zum ersten Mal in dieser Passage Simon Petrus. Denn in seiner Erkenntnis schimmert nun die zukünftige Persönlichkeit des Simon durch, der dann Petrus genannt werden wird!

»Aber Jesus sagte zu Simon: ›Fürchte dich nicht! Du wirst von nun an keine Fische mehr fangen, sondern Menschen für mich gewinnen.‹« (Lk 5,10b)

Genau dazu kam Gott in der Person von Jesus auf die Welt: Um die Sünde wegzunehmen und wieder eine Beziehung zwischen Mensch und Gott zu ermöglichen. Deshalb musste Simon keine Angst haben: Er würde nicht sterben, wenn er Jesus ansah. Im Gegenteil: Er würde dadurch gerettet werden, dass er voller Hoffnung und Vertrauen auf Jesus blickte.

Dieses »von nun an« galt dann, wenn Simon die Probezeit beendete und sich definitiv für die Nachfolge entschied. Offiziell Jesu Jünger zu sein würde anders sein als es nur probeweise zu versuchen. Diese Nachfolge hatte ihren Preis. Für Simon zum Beispiel kostete es den Beruf. Wenn er mit Jesus mitgehen wollte, dann konnte er nicht mehr im Familienbetrieb arbeiten – ab und zu vielleicht, wenn Gott den Weg Jesu nach Kapernaum führte, aber nicht mehr als ›Beruf‹. Er würde immer wieder für längere Zeit von seiner Familie getrennt sein. Jesus war dann sein Meister, der über sein Leben bestimmte. Eine neue Aufgabe für Simon war schon bereit: Er sollte Menschen für Jesus gewinnen. Der Prophet Jeremia hatte gesagt: *»Aber jetzt* [in der Heilszeit] *schicke ich, der Herr, viele Fischer los, die mein Volk fangen sollen.«* (Jeremia 16,16a) Jesus forderte also Simon dazu auf, Mitarbeiter in der Heilszeit Gottes zu werden. Er sollte mithelfen, die Juden zurück zu ihrem Gott zu führen. Und schliesslich auch Heiden. Simon war also dazu berufen, vollamtlicher Missionar zu werden.

Es ist nicht für alle gleich, was und wieviel wir aufgeben müssen, wenn wir uns für die Nachfolge Jesu entscheiden. Einige haben die Berufung, vollamtlich Gott zu dienen, dann erfordert es viele Änderungen: eventuell ein Theologiestudium, Umzug, vielleicht sogar als Missionar in ein fremdes Land ohne jeden Komfort gehen zu müssen?! Andere können ihren Beruf behalten, müssen aber im Privaten viel ändern, weil sie zum Beispiel im Konkubinat mit jemandem zusammenleben. Einige müssen an den Strukturen gar nichts verändern – aber auch dann hat jeder genug mit seiner eigenen Persönlichkeit zu tun. Denn von da an ist Jesus der Boss, der bestimmt, was wann wie geschehen soll. Ein liebevoller Boss zwar, aber dennoch der Herr unseres Lebens!

»Sie brachten die Boote an Land, liessen alles zurück und gingen mit Jesus.« (Lk 5,11)

Es wird immer Simon genannt, aber auch die anderen Fischer waren über das Wunder erstaunt und empfanden wohl ähnlich. Sie alle waren vor die Entscheidung gestellt, ob sie die Kosten für die definitive Nachfolge tragen wollten oder nicht. Sie hätten sich auch durchaus der Menge anschliessen können und ›einfach so‹ Jesus weiterhin folgen können. Aber das wäre letztlich einer Entscheidung gegen Jesus gleichgekommen. Irgendwann kommt der Punkt, da wir uns entscheiden müssen. Jesus hat mehr Geduld als das Fitnesscenter, das uns sehr schnell wegschicken würde, wenn wir um ein zweites oder drittes kostenloses Probetraining bitten würden. Aber auch Jesus hat das Recht auf eine klare Entscheidung.

Diese vier Männer, Simon, Andreas, Jakobus und Johannes, entschieden sich für die klare Nachfolge. Sie hatten schon in den letzten Wochen oder gar Monaten gesehen, dass der Betrieb auch ohne sie weiterlaufen konnte. Sie mussten also keine Angst um ihre Familien haben. Sie dachten zwar sicher über die Familie nach, aber die Entscheidung traf jeder für sich allein. Da gab es keine Diskussion mit der Frau, dem Vater, der Mutter, dem Bruder. ›Mit oder ohne Jesus‹ ist eine Entscheidung, die man unabhängig von allen anderen treffen muss!

Ein kleiner Teilsatz zeigt übrigens, dass auch sie ihre Nachfolge nicht dazu missbrauchten, ihre alltäglichen Aufgaben einfach schleifen zu lassen: »Sie brachten die Boote an Land.«

Sie versorgten zuerst alles, machten einen sauberen Schnitt und waren danach bereit, ihr Leben ganz Jesus zur Verfügung zu stellen.

Simon, Johannes und Jakobus wurden die engsten Freunde von Jesus. Sie waren die, die am längsten mit ihm zusammen waren und sich (zusammen mit Andreas) als erste für ihn entschieden hatten. Aber so folgenschwer die Entscheidung auch war, die sie hier trafen – damit hatten sie nur den Grundstein ihres Glaubens gelegt. Dieser Glaube musste nun durch Erfahrungen mit Jesus noch wachsen. Und je mehr sie verstanden und glaubten, desto intensiver wurde die Erfahrung. Bis Simon seinem Beinamen Petrus gerecht wurde, dauerte es noch eine lange Zeit.

Ein erster Prozess

Es war ein ganz besonderer Anblick: Jerusalem zur Zeit des Laubhüttenfests. Auf allen freien Plätzen, Dächern, Strassen und Höfen wurden Hütten aus Zweigen von Palmen und verschiedenen Laubbäumen gebaut. Sie sollten daran erinnern, dass Israel während der vierzigjährigen Wanderung durch die Wüste von Gott bewahrt worden war. Gleichzeitig war es auch ein Erntedankfest, denn es fand im Herbst statt. Es war das volkstümlichste und fröhlichste Fest des Jahres und es gehörte zu den drei grossen Festen, zu denen jeder männliche Jude über zwölf Jahren nach Jerusalem pilgern musste. Das erste dieser Feste war das Passahfest, wo Jesus Nikodemus kennengelernt hatte. Danach blieb Jesus noch in der Umgebung Jerusalems, sodass er auch das zweite der Feste, das Pfingstfest, wie das Gesetz es verlangte, dort feiern konnte. Den Sommer verbrachte Jesus in Galiläa, wo er lehrte und heilte und wo die ersten Jünger ihn offiziell als ihren Rabbi annahmen.

Zum Laubhüttenfest reisten sie als gesetzestreue Juden also wieder nach Jerusalem, obwohl bei der letzten Abreise eine gewisse Spannung in der Luft gelegen hatte. Jesus versteckte sich aber keineswegs und trat auch nicht besonders sanft auf, sondern war aufrichtig und ganz er selbst, wie immer. Und das in einer Welt, die nicht in Einheit mit Gott lebte ...

1 – Menschen spielen sich als Richter auf

»Von da an lauerten sie Jesus auf, weil er sogar am Sabbat Kranke heilte.« (Joh 5,16)

Was war denn da bloss geschehen?

Es ist die Rede von einer Heilung, die ausgerechnet an einem Sabbat stattgefunden hatte:

An der Stadtmauer Jerusalems gab es zwei Teiche, die von fünf Säulenhallen namens Betesda umgeben waren. In diesen Hallen lagen tagtäglich Kranke und Gelähmte, die sich nach Heilung sehnten. Denn die Legende besagte, dass jedes Mal, wenn sich im Teich Wellen bildeten, ein Engel den Teich besuchte. Wer dann als Erster in den Teich gelangte, würde von seiner Krankheit geheilt, egal, wie schwer sie war. Ob an dieser Legende etwas dran war oder nicht, wird nicht gesagt – Tatsache war, dass die Kranken daran glaubten und deshalb dort warteten. Nun gab es dort einen Mann, der schon 38 Jahre lang so krank war, dass er sich nicht fortbewegen konnte – wahrscheinlich war er gelähmt. Sein Warten schien also ziemlich vergeblich zu sein, denn er würde ohne Hilfe niemals der Erste im Teich sein!

Jesus besuchte diesen Teich und fragte den Mann, ob er gerne gesund würde. Der Kranke bejahte dies natürlich, erklärte aber auch, weshalb das niemals geschehen könnte. Da sagte Jesus: »Nimm deine Matte und geh!« Und weil der Mann Jesus vertraute und gehorchte, stellte er fest, dass er von dem Moment an geheilt war.

Bis dahin eine wunderbare Geschichte voller Rettung aus der Not, Liebe, Vertrauen und Gehorsam. Aber: Der Mann wurde von einigen Juden, die zu den Anführern des jüdischen Volkes gehörten, dabei gesehen, wie er am Sabbat seine Matte trug. In den Heiligen Schriften stand nur, dass man am Sabbat nicht arbeiten dürfe; aber pharisäische Rabbiner hatten im Laufe der Jahre jedes Gesetz genau analysiert und diskutiert und schliesslich eine genaue Wegleitung mit unzähligen Gesetzen festgehalten: Und dort war klar vermerkt, dass das Tragen von Gegenständen zur Arbeit gehörte und deshalb am Sabbat verboten war. Sofort wurde der Mann ausgefragt, warum er das tue. Und so erfuhren sie schliesslich auch von der Heilung, die ebenfalls an diesem Sabbat stattgefunden hatte. Und auch das Heilen galt gemäss Überlieferung der Gelehrten als Arbeit! Wer der Heiler war, konnte der Mann ihnen erst nach einem zweiten Treffen mit Jesus sagen, denn er kannte Jesus vorher nicht. Dass er Jesus an sie verriet, deutet wohl darauf hin, dass der Geheilte kein Nachfolger Jesu wurde.

Von diesem Moment an lauerten sie ihm auf. Wörtlich bedeutet der Begriff »jemanden juristisch verfolgen«. Es war also schon mehr, als dass sie Jesus einfach beobachtet hätten. Sie leiteten ein Strafverfahren gegen ihn ein! Allerdings war es nicht der ganze Hohe Rat, der hinter diesem Verfahren stand, sondern nur ein paar der führenden Juden. Vielleicht nur einige Pharisäer, denn sie waren eher für die genaue Einhaltung der Regeln zuständig. Aber es war nicht die ganze Partei, denn ein Nikodemus zum Beispiel hätte da nicht mitgemacht. Es handelte sich also um einige wenige Männer, die sich gegen Jesus zusammengetan hatten. Männer, die nichts Besseres zu tun hatten, als sich über alle und jeden als Richter zu erheben.

Auch heute gibt es in unseren Gemeinden leider solche Menschen, die es zu ihrer zentralen Aufgabe gemacht haben, über alle Mitchristen und sogar Besucher der Gottesdienste zu richten. Sie haben ihre Augen und Ohren überall und achten darauf, Verstösse gegen Regeln festzustellen, um sie dann laut und deutlich zu verkünden. Manchmal sind sie sogar noch schlimmer als die hier genannten Juden, die ihre Anklagen zumindest offiziell und gerade heraus Jesus auf den Kopf zu sagten. Denn oft wird das nur hinten herum mit anderen, die ähnlich denken, diskutiert. Wenn man sich darauf konzentriert, ist das generelle Problem, dass man keine Zeit mehr hat, an sich selbst zu arbeiten – man hat schliesslich genügend mit den anderen zu tun, denn man wird immer fündig!

Die Sünde, die sie an Jesus gefunden zu haben glaubten, war die Heilung eines Kranken an einem Sabbat. Das Strafverfahren war also eröffnet ...

2 – Jesus tut, was Gott ihm sagt, denn er ist eins mit ihm

»Aber Jesus sagte ihnen: ›Zu jeder Zeit ist mein Vater am Wirken, und ich folge nur seinem Beispiel.‹« (Joh 5,17)

Wir sehen hier sehr gut, wie Jesus auch zu ihm feindlich gesinnten Menschen sprach: Er wurde nicht wütend oder ausfallend, er leugnete es nicht oder versuchte, sich mit ihnen irgendwie gut zu stellen; und er verteidigte sich auch nicht mit den Umständen. Nein, er erklärte ihnen ganz einfach und aufrichtig, warum er so gehandelt hatte. Es war die ›Verteidigung‹ eines Mannes, der nichts Falsches getan hatte und sich deshalb nicht vor seinen Anklägern rechtfertigen musste.

Sein Vater, Gott, wirkt andauernd. Gott macht keine Pausen, keine Ferien, denn ohne Gottes Wirken würde die Welt keinen Moment lang funktionieren. Die Sonne würde stehenbleiben und alles verbrennen, das Herz der Menschen würde aufhören zu schlagen. Gott hält die Welt am Laufen. Auch wenn Sabbat ist oder ein Feiertag, lässt Gott es regnen. Jesus sagte ganz klar, dass auch Gott an einem Sabbat wirkt. Er sprach aber nicht von Arbeit! Da Gott nur ein Wort sagen oder einen Gedanken haben muss, um Dinge zu wirken, kostet es ihn auch keine Kraft. Deshalb müsste er auch nie ausruhen und sich erholen. Dass er das nach der Erschaffung der Erde getan hat, ist als Vorbild für uns geschehen. Wenn wir genau betrachten, was Jesus bei der Heilung am Teich tat, können wir das schwerlich als Arbeit bezeichnen. Er hatte nur gesprochen: »Nimm deine Matte und geh!« Er hatte zweifellos gewirkt, aber geschuftet hat er nicht!

In diesem Zusammenhang müssen wir uns auch fragen, was wir denn am Sonntag tun sollen und dürfen und was nicht. Es steht bei den zehn Geboten ganz klar, dass man am Sabbat ruhen und keine Arbeit verrichten soll. Wir sollen uns an einem Tag der Woche nicht abrackern, um unseren Lebensunterhalt zu verdienen. Nein, wir haben eine Ruhepause verdient und benötigen sie auch, um wieder eine Woche durchhalten zu können. Aber Wirken ist etwas ganz anderes: Wir sollen auch am Sonntag einander Gutes tun, Gottes Botschaft weitersagen, einander helfen. Das Gebot der Liebe ist nämlich durch das Sabbatgebot nicht ausser Kraft gesetzt – aber genau das hatten die Rabbiner mit ihren zusätzlichen Gesetzen getan. Und dadurch hatten sie trotz allem guten Willen dennoch ein Gebot Gottes gebrochen; und erst noch eines der wichtigsten: *»Du sollst deinen Nächsten lieben wie dich selbst!«* (3. Mose 19,18b)

Jesus heilte mehrmals am Sabbat und wurde auch mehrmals deswegen angegriffen. Immer führte er andere Argumente und Erklärungen an. Das ist kein Widerspruch: Wer im Recht ist, hat praktisch immer mehrere Argumente zur Hand, während der im Unrecht Stehende verzweifelt nach einem einzigen suchen muss, das ihn irgendwie unterstützen könnte.

»Nach dieser Antwort waren sie erst recht entschlossen, ihn umzubringen. Denn Jesus hatte nicht nur ihre Sabbatvorschriften missachtet, sondern sogar Gott seinen Vater genannt und sich dadurch Gott gleichgestellt.« (Joh 5,18)

Die Ankläger hatten sehr wohl verstanden, was Jesus ihnen mit seiner Antwort sagen wollte. Dass er Gott seinen Vater nannte. Während sie ihn vorher durch das Strafverfahren einfach verurteilen wollten und die Strafe noch nicht feststand, waren sie nun davon überzeugt, dass nur die Todesstrafe in Frage käme. Ihr Gericht konnte keine Todesstrafe verhängen, aber wenn sie zu diesem Urteil kamen, dann würde auch der Hohe Rat nicht darüber wegsehen können und sich einschalten müssen. Und wenn der Hohe Rat ein Todesurteil fällen würde, dann könnte man damit zu den Römern gehen, die es dann fast vollstrecken müssten.

Gegen das Sabbatgebot der Heiligen Schrift hatte Jesus nicht verstossen, nur gegen »ihre Sabbatvorschriften«. Aber wenn Jesus sich Gott gleichstellte, dann war das auch nach der Heiligen Schrift ganz klar eine Gotteslästerung, die den Tod verdiente: *»Wer den Namen des Herrn verhöhnt, muss mit dem Tod bestraft werden. Die ganze Gemeinschaft der Israeliten soll ihn steinigen, ganz gleich ob er ein Fremder oder ein Einheimischer ist!«* (3. Mose 24,16)

Ausser natürlich, er sagte die Wahrheit. Und da begegnen wir einem grossen Problem von uns Menschen: Wir haben bestimmte Traditionen, menschliche Vorschriften, Vorstellungen. Das ist an sich nichts Schlimmes, aber es wird dann schlimm, wenn wir sie als unverrückbare Wahrheit sehen. Die Juden betrachteten die Vorschriften der Gelehrten als eine solche Wahrheit – sie stellten sie dem Wort Gottes, der Heiligen Schrift gleich. Und weil Jesus gegen diese Wahrheit verstossen hatte – also ihrer Meinung nach sündig war – konnte er unmöglich der Messias, Gottes Sohn sein. Jesus passte also nicht zu ihrem Bild des Messias. Und so verpassten sie es, ihn überhaupt erst kennenzulernen. Wir müssen aufpassen, dass uns das nicht passiert. Wir dürfen nie Gott anhand unserer Vorstellungen, die wir über ihn haben, prüfen. Wir müssen unsere Vorstellungen anhand des Wortes Gottes, der Bibel, prüfen.

Wie anders wäre es gekommen, wenn diese führenden Juden das damals getan hätten!

»Auf diese Anschuldigungen der führenden Juden entgegnete Jesus: ›Ich sage euch die Wahrheit: Von sich aus kann der Sohn gar nichts tun, sondern er tut nur das, was er den Vater tun sieht.« (Joh 5,19a)

Jesus sagte hier wörtlich: »Amen, ich sage euch!« Das Wort Amen bedeutet »fest«, »zuverlässig«. Es ist eine Bekräftigung der folgenden Worte. Das, was Jesus nun sagte, war fest und zuverlässig und deshalb wahr. Darüber gab es nichts zu diskutieren. Sie konnten es entweder annehmen oder es bleiben lassen.

Jesus war aufs engste mit Gott verbunden. Würde er etwas ohne Gott tun wollen, dann könnte er nicht mehr bewirken als jeder andere Mensch auch. Er hatte keinerlei magische Kräfte. Alle Heil- und Wunderkräfte hatte er nur, weil Gott sie durch ihn wirkte. Auch diese Heilung in Betesda hatte nur deshalb funktioniert, weil Gott wirkte. Gott war also mit der Heilung mehr als nur einverstanden – obwohl es Sabbat war. Deshalb wirkte Jesus, wenn Gott wirkte. Diese Einheit funktionierte nur dann, wenn Jesus immer auf den Vater schaute, wie er war, und seinen Willen zu erkennen versuchte, was er wollte.

Und wir können von dieser Verbindung profitieren. Wenn wir uns dieser Einheit durch den Heiligen Geist anschliessen und auf Jesus schauen, wie er auf seinen Vater schaute, dann wirkt Gott über Jesus auch durch uns! Und nur dann sind wir in der Lage, irgendetwas zu bewirken, was über das menschliche Mass hinausgeht.

»Was immer aber der Vater tut, das tut auch der Sohn!«
(Joh 5,19b)

Jesus tat nichts, was Gott nicht tun wollte. Aber er pickte sich unter den Dingen, die Gott tat, auch nicht nur etwas raus, um es dann ebenfalls zu tun, sondern er tat alles, was der Vater tat!

Wenn wir das auf uns beziehen, dann heisst das, das wir alles, was Jesus tat, als er auf der Erde lebte, auch tun sollen! Durch den Heiligen Geist, durch diese Verbindung über Jesus zu Gott, sind wir auch in der Lage dazu! Und gerade hier sehen wir ausserordentlich gut, dass das Christentum keine Religion der Einzelgänger sein kann. Es geht immer um Gemeinschaft. Jesus wird in der Ewigkeit mit der Gemeinde zusammen sein, nicht mit Dir oder mir. Und genauso gilt auch, dass nicht jeder von uns die Gabe zu heilen hat. Nicht jeder hat die Gabe zu predigen oder zu evangelisieren. Dämonen auszutreiben, eine Gemeinde zu leiten oder zu lehren. Nicht jeder von uns tut also alles, was Jesus getan hat. Aber wir als Gemeinde haben alle diese Gaben und sollen sie nutzen. Zusammen!

Die Einheit ist etwas ganz Zentrales und Unzertrennliches. Wenn die Juden Jesus nun verurteilten, dann würden sie damit auch Gott selbst verurteilen. Das war eine Tatsache, an der sie nicht rütteln konnten.

3 – Das Geheimnis ihrer Einheit ist die Liebe

»Denn weil der Vater den Sohn liebt, zeigt er ihm alles, was er selbst tut.« (Joh 5,20a)

Der Grund der Einheit zwischen Vater und Sohn ist ganz einfach Liebe. Würde der Vater den Sohn nicht lieben, würde er ihn nicht an seinem Wirken teilhaben lassen.

Eine Mutter, die ihr Kind nicht liebt, macht den Haushalt am liebsten alleine und mag es gar nicht, wenn es mithelfen will. Das dauert dann so lang und ist viel mühsamer. Aber eine Mutter, die ihr Kind liebt, möchte möglichst viel Zeit mit ihm verbringen und ihm alles beibringen, was sie selbst weiss. Dann nimmt sie den Mehraufwand gerne in Kauf.

Die Liebesbeziehung ging zwar von Gott Vater aus, aber der Sohn liebte den Vater auch. Er ahmte ihn nicht nach, weil er das musste, weil er dazu gezwungen wurde, sondern weil er das wollte. Er war sein Vorbild. Es bestand kein Druck, sondern nur die Gewissheit und das Vertrauen, dass der Vater es besser wusste und nur das Beste für ihn wollte.

Und so sollte auch die Kindererziehung sein: Nicht mit Strafandrohungen und Zwang, sondern freiwillig, weil das Kind weiss, dass die Eltern es gut meinen und besser wissen. Natürlich ist das nicht immer einfach und möglich, denn unsere Beziehung zu unseren Kindern mag noch so sehr von Liebe geprägt sein – wir machen beidseitig Fehler. Vollkommen ist die Beziehung nur zwischen Gott und seinem Sohn. Aber genau an dieser vollkommenen Beziehung sind wir eingeladen teilzuhaben, wenn wir Jesus als unseren Herrn anerkennen, der uns leitet und es besser weiss. Jesus liebt uns und erzieht uns wie Kinder. Durch die Bibel wissen wir, was Jesus tat, wie er lebte, und der Heilige Geist hilft uns, es in unseren Alltag zu übertragen und es auch zu tun.

»Der Sohn wird noch viel grössere Wunder tun, weil der Vater sie ihm zeigt. Ihr werdet staunen!« (Joh 5,20b)

Jesus hatte schon einige Wunder und Heilungen vollbracht – indem er Gott durch sich hatte wirken lassen. Aber das war noch lange nicht das Ende: Es würden noch viel grössere Wunder zu sehen sein!

Das ist ein allgemeines Prinzip, das auch in unserem Leben gilt: Wer sich im Kleinen als treu erweist, bekommt grössere Aufgaben. Einem Kind, das mit einem kleinen Taschengeld nicht umgehen kann, werden wir kaum das Taschengeld drastisch erhöhen. Und so bleibt es auch im Erwachsenenleben, so geht auch Gott mit uns um: Wenn wir mit einem kleinen Gehalt den Zehnten nicht geben und niemals spenden, wird Gott uns kaum eine Million zukommen lassen. Wenn wir in unserer eigenen Familie nicht für Ordnung sorgen können, wird Gott uns die Gemeindeleitung eher nicht auferlegen. Auch nicht das Management einer Firma. Gott handelt nicht so, um uns zu bestrafen, sondern um uns zu schützen – es wäre zu viel für uns, wir wären damit überfordert.

So hatte Gott auch Jesus zuerst nur kleine Verantwortung übergeben, kleine Wunder tun lassen. Weil Jesus gezeigt hatte, dass er dem gewachsen war und es ihm nicht in den Kopf stieg, liess Gott ihn immer grössere Wunder tun: Jesus erweckte sogar Tote wieder zum Leben.

Schliesslich bestand er die grösste Prüfung: Er wehrte sich nicht gegen seine Kreuzigung, um Gottes Plan zu erfüllen und die Menschen zu retten. Und deshalb übertrug Gott ihm schliesslich das Richteramt: Er soll am Ende der Zeit alle Menschen richten. Und warum ist er dazu geeignet? Jesus sagte es selbst: *»Dabei kann ich nicht eigenmächtig handeln, sondern ich entscheide so, wie Gott es mir sagt. Deswegen ist mein Urteil auch gerecht. Denn mir geht es nicht darum, meinen eigenen Willen zu tun, sondern ich erfülle den Willen Gottes, der mich gesandt hat.«* (Joh 5,30) Das ist doch einmal ein guter Mitarbeiter, dem der Chef vollkommen vertrauen kann: Er will nicht sein eigenes Ding durchziehen, sondern unterstützt seinen Chef und tut genau das, was er auch tun würde. So kann Gott ihn gebrauchen.

Wenn wir diese Einstellung haben, kann er auch uns für grössere Aufgaben gebrauchen. Um das zu lernen, bekommen wir jedoch besser kleinere Aufgaben, bei denen ein Fehler nicht so sehr ins Gewicht fällt ...

Die Totenauferweckungen und andere seiner Wunder würden die Ankläger Jesu durchaus noch sehen und auch bestaunen. Nur: Staunen über Jesus und seine Taten rettet nicht. Viele verschlossen sich umso mehr der Wahrheit, weil sie sie einfach nicht sehen wollten. Das Staunen musste zum Glauben an ihn als Gottes Sohn führen und der Glaube zur klaren Entscheidung, ihm nachzufolgen.

Der Prozess war damit noch lange nicht beendet. Er dauerte wohl auch mehrere Tage. Der Jünger und Evangelist Johannes beschrieb ihn ziemlich ausführlich. Deshalb werden wir uns auch im nächsten Kapitel noch einmal mit Jesu Antworten beschäftigen.

Falsche Prioritäten

Maja mit 6 Jahren: »Schau, ich habe eine Zeichnung für Hannah gemacht. Wenn ich ihr die gebe, dann denkt sie sicher, ich kann super malen und dann bin ich ihre Freundin!«

Maja mit 16 Jahren: »Ich trage prinzipiell nur Markenklamotten. Wenn ich keine tragen würde, würde ich von meinen Freunden nicht akzeptiert werden. Und ich will doch schliesslich dazugehören!«

Maja mit 26 Jahren: »Eigentlich ist es mir ja etwas unwohl dabei, aber mein Mann möchte das so gerne. Und ich will ja nicht, dass er denkt, ich wäre prüde, und sich eine andere sucht!«

Maja mit 36 Jahren: »Ich gehe mit meinen Kindern im Sommer fast jeden Tag in die Badi. Einerseits werden sie dann von ihren Freunden besser akzeptiert, andererseits würde es sonst im Dorf vielleicht Gerede geben, dass ich meinen Kindern nichts biete ...«

Problemlos können wir uns vorstellen, was Maja mit 46, 56 und 86 Jahren sagen würde – sofern sie ihre Einstellung nicht komplett ändert. Es ist eindeutig, dass ihre Entscheidungen davon bestimmt werden, was andere Menschen über sie denken. Sie möchte dazugehören und von allen gemocht werden.

Jesus hatte andere Prioritäten – und deshalb befand er sich in einem Prozess oder zumindest einer Voruntersuchung, wo er sich gegenüber der Anklage, am Sabbat einen Mann geheilt zu haben, verantworten musste. Und das tat er unter anderem mit den folgenden Worten:

1 – Die führenden Juden lieben Gott nicht

»›Ich suche nicht die Anerkennung von Menschen! Ihr dagegen seid anders.« (Joh 5,41-42a)

Alles, was Jesus bisher in seinem Leben getan hatte, zeigte dies. Er hatte nicht auf das Geheiss seiner Mutter Wasser in Wein verwandelt, er hatte nicht so grossartige Wunder getan, um alle Menschen sofort von sich zu überzeugen – wie der Teufel es ihm vorgeschlagen hatte – und er provozierte wissentlich die Führer der Juden, indem er am Sabbat heilte. Einfach, weil es das Richtige war. Selbst während des Prozesses setzte er noch einen drauf, indem er Gott seinen Vater nannte und sich ihm so gleichstellte. Jesus handelte immer eins mit Gott, wie er am Anfang der Befragung klar machte. Egal, was die Menschen dazu meinten. Das war der einzige Weg, wie er vollkommen sich selbst bleiben und immer das Richtige tun konnte!

Sind wir diesbezüglich wie Jesus? Ist es uns wichtiger, dass Gott gut über uns denkt oder liegt uns mehr am Urteil der Menschen? Würden wir zum Beispiel auf Fremde zugehen und mit ihnen über Jesus sprechen, wenn Gott uns das aufs Herz legt, auch wenn es uns schrecklich peinlich ist? Wenn nicht, wären wir definitiv nicht alleine. Aber es wäre eine gefährliche Gemeinschaft, zu der auch die jüdischen Führer gehören. Denn sie hatten eindeutig eine falsche Priorität gesetzt: Ihnen war die Anerkennung von Menschen wichtiger. Sie wollten es allen, die etwas zu sagen hatten, recht machen, und von denen, die ihnen untergeben waren, bewundert werden. Wie konnte es zu dieser Einstellung kommen?

»Ich kenne euch und weiss genau, dass ihr keine Liebe zu Gott in euch tragt.« (Joh 5,42b)

Eine furchtbare Feststellung, die Jesus hier machte! Er sieht genau in unser Herz und kennt uns besser als wir selbst uns kennen. Denn dass sie Gott nicht liebten, hätte wohl keiner von ihnen so von sich gesagt oder auch nur gedacht. Schliesslich setzten sie ja praktisch ihr Leben für Gott ein, indem sie die Gesetze befolgten und dafür sorgten, dass auch andere das taten! Wenn es Pharisäer waren, dann waren sie sogar vollamtliche Theologen ... Aber wer mehr auf Menschenmeinungen gibt als auf Gottes Meinung, der zeigt ganz praktisch, dass er Gott nicht liebt. Denn man kann Gott nicht nur ein bisschen lieben oder ihn ›ganz in Ordnung finden‹. Entweder man liebt ihn, dann steht er an erster Stelle, oder Gott ist einem egal und hat nichts zu sagen.

Ist das Zweite der Fall, wie Jesus es über seine Ankläger sagte, hat das noch weitere Auswirkungen als nur die Menschenfurcht.

2 – Wer Gott nicht liebt, kann auch den Sohn nicht lieben

»Mein Vater hat mich zu euch geschickt, doch ihr lehnt mich ab.« (Joh 5,43a)

Würden sie Gott lieben, dann würden sie ihn in Jesus erkennen: In seinen Worten, seiner Ausstrahlung, seinen Taten. Würden sie Gott lieben, hätten sie nämlich eine ganz andere Vorstellung vom Messias. Sie würden Gott dann auch kennen und wissen, dass eine Heilung – egal ob am Sabbat oder unter der Woche – immer etwas von Gott Gewolltes war, denn sie half Menschen, und Gott erwies über den Heilenden so dem Kranken seine Liebe. Die führenden Juden hätten Jesus also nicht als einen, der gegen ihr Sabbatgebot verstossen hatte, als Messias ablehnen müssen. Im Gegenteil: Gerade durch die Heilungen würden sie in ihm Gott erkennen!

Wir können nicht Gott lieben, aber Jesus ablehnen – wie es auch heute noch sehr viele Juden tun. Umgekehrt können wir als Christen aber auch nicht Jesus lieben und mit dem ›grausamen‹ Gott des Alten Testaments nichts zu tun haben wollen! Vater und Sohn bilden eine untrennbare Einheit!

Die fehlende Liebe zu Gott liess sie Jesus als Messias ablehnen. Die viel zu grosse – und falsche – Liebe zu den Menschen war aber auch nicht ohne Wirkung:

»Wenn aber jemand in eigenem Auftrag zu euch kommt, den werdet ihr aufnehmen.« (Joh 5,43b)

Ein falscher Messias, der nicht von Gott geschickt war, sondern sich selbst als Messias ausgegeben hätte, hätte sich natürlich bei den Juden und vor allem denen, die etwas zu sagen hatten, eingeschmeichelt und sich genau so verhalten, wie sie das erwarteten und sich wünschten. Er hätte ganz genau ihrem Messiasbild entsprochen und hätte damit vor offenen Türen gestanden. Das war eine enorme Gefahr!

Der einzige wirksame Schutz davor ist die richtige Priorität: Gott steht immer über den Menschen. Mit dieser Einstellung stehen wir viel weniger in der Gefahr, in eine Sekte zu geraten, an einen falschen Messias. Denn wir würden sehr schnell erkennen, dass sein Handeln nicht Gottes Willen entspricht. Die Worte eines Sektenführers allerdings sind meistens sehr überzeugend. Es sind oft Menschen mit einer enormen Ausstrahlung und mit Talent für Rhetorik. Sie sagen ausserdem Dinge, die Menschen gerne hören wollen. Sie gestalten auch alles so, wie die Menschen, die sie erreichen wollen, es gerne sehen. Ich will damit nicht sagen, dass die richtigen, gottgefälligen Gottesdienste für die Menschen langweilig und altmodisch sein sollen! Aber wenn die Massen vom Gottesdienst angezogen werden, alles modern und toll anzusehen ist, dann müssen wir umso mehr prüfen, ob der Inhalt des Gottesdienstes so ist, dass Gott seine Freude daran hat. Oder ob wir, um mehr Menschen zu gewinnen, Gott zugunsten der coolen Band, des grandiosen Bühnenbilds, des charismatischen Redners etwas beiseite gestellt haben ...

Wenn das so ist, dann ist es höchste Zeit umzukehren, denn sonst gilt das nächste Wort Jesu auch für diese Gemeinde:

»Kein Wunder, dass ihr nicht glauben könnt! Denn ihr seid doch nur darauf aus, voreinander etwas zu gelten. Aber euch ist völlig gleichgültig, ob ihr vor dem einzigen Gott bestehen könnt.« (Joh 5,44)

Man kann es niemals allen recht machen. Man muss sich für jemanden entscheiden, der die höchste Priorität hat, dem sich alle anderen Wünsche unterordnen müssen. Wenn dieser jemand nicht Gott ist, dann bedeutet das, dass es uns gleichgültig ist, wie wir vor Gott dastehen. Denn noch einmal: Man kann Gott nicht nur ein bisschen lieben, nur ein bisschen vor ihm bestehen wollen. Entweder, dies ist mein Lebensziel oder eben nicht.

Da die Ankläger sich in erster Linie darauf konzentrierten, wie sie vor den Menschen dastanden, war klar, dass sie überhaupt nicht gut vor Gott dastanden. Denn sie waren – wie alle Menschen – Sünder und sie sehnten sich nicht einmal danach, von ihrer Schuld loszukommen. Denn da lag das Problem: Sie waren sich ihrer Schuld nicht einmal bewusst, so selbstherrlich wie sie waren. Sie dachten, dass sie durch das Einhalten des Gesetzes gerecht und schuldlos wären.

3 – Das Gesetz rettet nicht, sondern klagt an

»Es wird gar nicht nötig sein, dass ich euch vor dem Vater anklage: Mose ist euer Ankläger – genau der, auf den ihr eure ganze Hoffnung setzt!« (Joh 5,45)

Mose brachte den Israeliten das Gesetz von Gott. Genau dieses Gesetz, von dem die führenden Juden dachten, sie würden es einhalten. Vor lauter Überheblichkeit merkten sie gar nicht, dass kein Mensch imstande war, dieses Gesetz bis ins kleinste Detail zu befolgen – und sie bildeten da keine Ausnahme.

Sie dachten, dass sie als Juden, als Nachfahren Abrahams, zu Gottes auserwähltem Volk gehörten. Dies hatte Gott durch den Bund am Berg Sinai, den er mit Mose geschlossen und mit dem Gesetz besiegelt hatte, ja bestätigt. Ausserdem konnte Mose mit Gott im Zelt der Begegnung, der Stiftshütte, direkt sprechen. Sie glaubten deshalb vielleicht sogar, dass gerade Mose bei Gott ihr Fürsprecher sei. So hatte er schliesslich manche Katastrophe vom Volk Israel abwenden können, indem er vor Gott für sie flehte. Deshalb konnte Jesus sagen, sie würden ihre Hoffnung ganz auf Mose setzen. Sie dachten gar nicht daran, dass sie vor Gott schlecht dastünden, dass seine Strafe sie treffen könnte. Aber genau dieser Mose – so sagte es Jesus – würde die Juden vor Gott anklagen. Also das Gegenteil von ›für sie eintreten‹! Warum sollte Mose das tun?

»Denn in Wirklichkeit glaubt ihr Mose gar nicht; sonst würdet ihr auch mir glauben. Schliesslich hat doch Mose von mir geschrieben.« (Joh 5,46)

Nicht nur das Gesetz, sondern sehr viele Geschichten, die Mose aufgeschrieben hatte, wiesen auf Jesus hin: In 1. Mose 3,15 wurde praktisch das Evangelium in kürzester Form vorweggenommen: Die Schlange im Garten Eden, also der Teufel, ist der Feind der Menschen. Einmal wird ein Mensch kommen, der wird die Schlange zerstören, indem er auf ihren Kopf tritt. Im zwölften Kapitel desselben Buches sagt Gott Abraham, dass durch seine Nachkommen alle Völker der Erde gesegnet werden sollen: das ist nur möglich, wenn der Messias aus den Juden kommt, für die ganze Erde stirbt und so allen Menschen die Möglichkeit der Rettung schenkt. Die befohlene Opferung Isaaks, des einzigen geliebten Sohnes Abrahams, weist auf Jesu Opfertod hin. Dem Stamm Juda wird im Kapitel 49 verheissen, dass aus ihm ein Herrscher, ein König hervorgehen wird, dem alle Völker dienen. Auch das kann nur auf den Messias hinweisen. Die Schlange, die am Stab erhöht ist, und bewirkt, dass alle, die auf sie blicken, geheilt werden – auf die ging Jesus schon früher ein. Alle Opfer, die den Juden befohlen wurden, um die Schuld, die sie unweigerlich durch ihre Sündhaftigkeit auf sich luden, zu sühnen, sollten eine Sehnsucht in den Juden wecken, einmal dauerhaft gereinigt zu werden. Ja, auch alle Reinheitsgebote sollten zeigen, dass man vor Gott nur bestehen kann, wenn man genauso rein und heilig ist wie er. Und die Erkenntnis, dass man das nicht schafft, sollte eben die Sehnsucht nach diesem Messias wecken, der bei dem Propheten Jesaja vorhergesagt wurde: Der für unsere Schuld stirbt, damit wir mit Gott Frieden haben können.

Wenn sie Mose also wirklich glauben und verstehen würden, hätten sie Jesus nun mit Freude annehmen müssen, denn die Verheissung passte exakt auf ihn.

Da stellt sich uns doch die Frage, wie wir das Alte Testament behandeln. Lesen wir es überhaupt? Sind es für uns blosse Geschichten, die sich vielleicht sogar einmal so oder ähnlich ereigneten, für uns aber keine Bedeutung haben? Oder wurde das alles erfunden und zusammengestückelt aus verschiedenen Quellen? Ist das Alte Testament veraltet und durch das Neue Testament ersetzt worden? Für Jesus selbst war die Heilige Schrift – und das ist unser heutiges Alte Testament – unglaublich wichtig und tragend. Er zitierte ständig daraus, lebte damit, schöpfte Kraft daraus. Er erkannte sich selbst überall im Alten Testament, nicht nur bei Mose. Wie könnten wir es dann als veraltet in die Ecke legen?

Jesu Ankläger schätzten die Heilige Schrift sehr. Aber sie rechneten trotzdem nicht wirklich mit diesem verheissenen Messias, denn sonst hätten sie Jesus angenommen.

»Wenn ihr aber nicht einmal glaubt, was er geschrieben hat, wie könnt ihr dann glauben, was ich euch sage?« (Joh 5,47)

Mose war ein Prophet gewesen, das stand für sie alle fest. Darüber musste man nicht diskutieren. Es galt als gesichert. Er war der Anführer Israels, der das Gesetz empfing, mit Gott persönlich Kontakt haben konnte, und der die fünf Bücher Mose selbst verfasste. Anders als bei vielen Theologen heute, galt auch das als gesichert. Die Tatsachen sprachen für sich. Und trotzdem glaubten sie nicht daran, dass der Messias wahrhaftig auf diese Welt kommen würde.

Jesus zu glauben war sehr viel schwieriger. Über diesen Mann musste man sich zuerst ein Bild machen, ihn prüfen, beobachten, über ihn diskutieren. Wenn sie schon Mose nicht glaubten, wie konnten sie dann einem Mann glauben, der nicht einmal sicher ein grosser Prophet war und wohl kaum über Mose stehen würde? Ihm zu glauben, bedeutete ein Schritt in die Ungewissheit. Es war nicht logisch.

Auch für uns heute ist es ein solcher Schritt, an Jesus zu glauben. Weil es so unlogisch ist, brauchen wir eine gewisse Sicherheit – völlig sicher können wir uns nie sein. Die Erfahrung, die uns Sicherheit gibt, werden wir erst machen, wenn wir uns bereits für ein Leben mit Jesus entschieden haben – oder uns zumindest dafür geöffnet haben. Vorher haben wir eine Art Sicherheit nur in der Bibel, im Alten und Neuen Testament, und in den Berichten anderer Christen, die von ihrer Erfahrung schreiben oder erzählen. Ohne das Alte Testament steht jedoch alles auf sehr wackligen Füssen. Deshalb lass es nicht weg, lies nicht ausschliesslich das Neue Testament, auch wenn es Dir vielleicht näher liegt!

Mit der Feststellung Jesu, dass seinen Anklägern sowohl die Liebe zu Gott als auch der Glaube an Mose oder die Heilige Schrift fehlte, endete der Prozess. Wir erfahren von keinem Urteil, von keiner Strafe.

Wir müssen davon ausgehen, dass dieser Prozess wohl eher so eine Art Voruntersuchung war, die ein paar wenige Mitglieder des Hohen Rates oder auch nur der pharisäischen Partei durchführten. Wäre der ganze Hohe Rat dazu gekommen und hätte sich überzeugen lassen, dann hätten sie ein Urteil fällen können. So aber wurde Jesus wieder freigelassen, sodass er nach Galiläa zurückreisen konnte. Und das tat er gleich darauf, denn auch ohne Urteil wusste er, dass er sich sehr mächtige und nachtragende Feinde geschaffen hatte, die nicht lockerlassen würden, bis sie ihn doch endlich verurteilen könnten ...

ESRAS.net

Bücher, E-Books und Dienstleistungen

Reihe »Biblisch & Praktisch«

- Reinhard Deichgräber, *Gottes Willen erkennen und tun*
- Gottfried Studer, *Gott redet im Sturm – Das Buch Hiob leicht verständlich ausgelegt und seelsorgerlich angewandt*
- Traudel Witter, *Hier ist Jesus ... in Bibel, Erzählung und Anspiel*

Reihe »Mit Gott erlebt«

- Magdalena Mouron-Menzi, *Bangen und Vertrauen – Patrick in Gottes Händen*

Reihe »Roman-Erlebnis Bibel«

- Traudel Witter, *Baruch und Jeremias Botschaft in traumatischer Zeit*
- Traudel Witter, *Markus – Ein Leben zur Zeit Jesu*
- Traudel Witter, *Mirjam – Schwester des Mose*
- Traudel Witter, *Saul – König zwischen Harfenspiel und Kriegsgeschrei*
- Traudel Witter, *Tobias – als Hirtensklave freigekauft*
- Traudel Witter, *Verantwortung – Debora und Jaël*

Verlag:
www.esras.net

Dienstleistungen:
www.service-esras.net